# 融资思维

## 做一家值钱的公司

千 海◎著

台海出版社

**图书在版编目（CIP）数据**

融资思维 / 千海著. -- 北京 ： 台海出版社，2025.

1. -- ISBN 978-7-5168-4028-3

Ⅰ. F275.1

中国国家版本馆 CIP 数据核字第 20250DY686 号

# 融资思维

著　　者：千　海

责任编辑：王　艳　　　　　　　　　　　封面设计：回归线视觉传达

出版发行：台海出版社

地　　址：北京市东城区景山东街 20 号　　邮政编码：100009

电　　话：010-64041652（发行，邮购）

传　　真：010-84045799（总编室）

网　　址：www.taimeng.org.cn/thcbs/default.htm

E - m a i l：thcbs@126.com

经　　销：全国各地新华书店

印　　刷：香河县宏润印刷有限公司

本书如有破损、缺页、装订错误，请与本社联系调换

开　　本：710 毫米×1000 毫米　　　　　1/16

字　　数：160 千字　　　　　　　　　印　　张：12

版　　次：2025 年 1 月第 1 版　　　　　印　　次：2025 年 3 月第 1 次印刷

书　　号：ISBN 978-7-5168-4028-3

定　　价：68.00 元

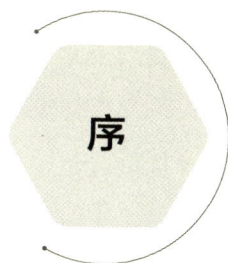

## 企业家的格局决定企业的结局

思维决定出路，格局决定结局。

如今，中国已经成为全世界产业链十分完善的国家，不断变化的市场环境让企业经营越来越有挑战性。

过去，对于企业经营，有种说法，即"站在风口上猪都会飞起来"，于是很多企业家都努力寻找风口。而到了今天，风口已经相对减少，因为中国的商业财富早已从最初的 1.0 时代进阶到了现在的 4.0 时代。

财富 1.0 时代，是靠产品赚差价的时代，只要有产品，就不需要考虑产品差异化的问题。那是赚钱的时代。

财富 2.0 时代，是对产品进行品牌营销的差异化竞争时代，市场需求很大，创业门槛低，融资比较容易。

财富 3.0 时代，消费者的选择变得纷繁多样，创业模式变成选择一个行业，扎根一个细分市场，实现单品的突破性成功，这也是互联网企业崛起的时代，企业从赚钱迈向值钱。

财富 4.0 时代，也就是现在的自媒体时代，超级个体崛起，一场直播就可能创造超过一家工厂一年的利润。在这个时代，实体企业的流量碎片化，企业需要多维盈利，需要长期主义，需要融资思维。

在股东大会上，巴菲特强调说：现金是氧气，99% 的时间你都不会注意它，直到它缺席。与利润相比，现金流能更真实地反映企业的赚钱能力、抗风险能力以及盈利模式。一些企业利润很高，但账上的钱或现金很少，实际上是负债的。所以，无论在哪个阶段，企业都要具备融资思维，让现金流增长。

国内市场中存在"两多两难"问题，即"中小企业多，融资难"和"市场资金多，投资难"。中小企业较难从银行获得贷款、银行觉得向中小企业发放贷款风险大、中小企业因资金缺乏而举步维艰……中小企业融资难，究竟难在哪儿？其实，仔细观察就会发现，其中一个最主要的原因就是企业缺少融资思维，银行无法对中小企业产生信任，继而无法产生信用关系。其实，归根结底，是银行觉得中小企业不具有价值，即不值钱。而身为中小企业，要想让自己变得值钱，就要具备融资思维。而企业能否融到资，主要取决于企业是否符合融资机构对风险的判断标准。

从企业自身来说，如果经营不规范、财务混乱、对自身融资需求不明确、资金运营效率低等，那么无疑会提高金融机构对于投资风险的判断难度。从渠道来说，目前正规融资机构（除去民间借贷等）普遍是国有机构，对风险控制提出了极高的要求，因此中小企业为了能融到资，都竭力避免经营不规范等情况的出现，倾向于通过增强实战技巧来提高融资项目的可行性，如通过拟定有效合理的融资方案来提高融资项目的说服力，并以此来扩大自身规模和影响力。

对于多数中小企业来说，积累起来的自有资金往往都无法满足自身的发展需要，随着企业规模的不断扩大，需要更多、更便捷的外援资金的帮助。而除了向金融机构融资，上市也是一种很好的融资方式，并且能够快速造就一批千万甚至亿万富翁。例如：

2004 年 6 月 16 日，腾讯在香港联交所正式挂牌，收盘于 4.15 港元，较招股价 3.7 港元高出 12%。腾讯创始人、CEO 马化腾因持有 14.43% 的股权，按照当日收盘价计算，账面财富接近 10 亿港元。腾讯另一位创始人、副总裁张志东凭借持有的 6.43% 的股权，获得了 4 亿多港元的账面财富。另外三位高管曾李青、许晨晔、陈一丹共持有 9.87% 的股权，三人的财富合近 7 亿港元。此外，腾讯的其他 7 位高管拥有另外的 6.77% 股权，共有财富近 5 亿港元。

腾讯主要股东由 12 个自然人和一个法人组成，IPO 之后，12 个自然人股东一共拥有至少 17.5 亿港元的账面资产。马化腾、张志东、曾李青、许晨晔、陈一丹 5 个自然人共拥有至少 14 亿港元账面资产，也就是说，腾讯成功上市后，至少创造了 5 个亿万富翁和 7 个千万富翁。

2005 年 8 月 5 日，李彦宏在纳斯达克按下了闭市铃。至此，百度的股价从开盘价 66 美元，较发行价 27 美元上涨 144%；收盘价 122.54 美元，较发行价上涨 354%；盘中价格更是一度暴涨 450%，达到 151.21 美元，百度市值在一夜之间达到 39.8 亿美元，创造了中国互联网的一个"奇迹"。在上市前，百度的很多人都是普通的 IT 员工，但一夜醒来，他们惊喜地发现自己已经成了千万富豪。据统计，百度当年上市共创造了 8 位亿万富翁、50 位千万富翁，以及 240 位百万富翁。

2014 年 9 月 19 日，马云在纽交所敲响上市的钟声。虽然此次招股说明书中没有具体的持股员工数，但 2007 年阿里 B2B 业务上市时，4900 名员工持股，约占当年集团 7000 多员工总数的 70%。7 年后，阿里员工增加了 15000 余人，按 50% 的员工持股计算，阿里持股员工约为 11000 多人，上市后每人平均可套现将近 422 万美元，约合人民币 2591 万元。这意味着，阿里上市诞生了一万多名千万富翁。

毫无疑问，要想成就一个伟大的企业，没有融资思维绝非易事，商业领域里的佼佼者都能让企业通过融资成为值钱的公司。

每个企业的发展周期不一样，融资的方式也不一样，这跟企业家的战略高度和格局有直接关系。研究发现，杰出的企业家往往更懂得顺势借力，顺企业周期之势，顺企业未来之势，顺经济发展之势，借资本之力，借政府政策之力，借产业链之力。所以，企业创始人要想在企业经营中获得持续成功，需要有持续的融资思维。

企业家的格局决定企业的结局，企业家的高度决定企业战略的高度和远度。

——千海

盛澜国际幸福书院导师

中国企业战略顶层设计导师

## 成为一家值钱的企业

什么是值钱的企业？简单来说，就是"春种一粒粟，秋收万颗子"。比如，今天公司估值 1000 万元，一年后变成 1 亿元，几年后变成 10 亿元。我们就说这是一家值钱的企业。对投资者来说，就是今天付出一笔钱，未来能收回更多钱。如此，投资者才愿意给企业投钱，企业也才能融到钱。

投资者之所以愿意给企业投资，并不是因为企业有现金流，而是因为未来企业估值可能会从价值 1000 万变成价值一个亿，再从价值一个亿变成价值 10 个亿。

那么，企业的估值来自什么？从短期看，来自投资者对企业的期待，包括对用户增长、收入增长的期待等。但最终，还是来自对企业未来某一天能挣到钱的期待。所以，企业一旦拿了投资，就要变成一个市值不断上升的企业，为这个期待而发展自己。

近些年，随着移动互联网的发展，做一家值钱的公司，然后融资上市，这个逻辑已被越来越多的企业家和投资者所认同。这个逻辑的基本依据是，企业其实是一个商品，或者是一个快速成长的投资品，而投资品本身就需要不断增值，而增值又来自用户规模和营收规模等的增长。

该逻辑下的用户规模增长。在当下中国的人口规模下，用户数量完全有可能做到几千万、几亿，而一旦规模上去了，广告带来的收入基本就能覆盖成本，甚至于用户规模增长基本上就跟更赚钱画上了等号。这背后的发展逻辑就是先做一家值钱的公司，然后再融资上市。

该逻辑下的营收规模增长。有的投资者甚至会跟创业者说，你现在不准挣钱，你敢挣钱，我就撤资。因为他们知道，只有先让企业值钱，以后才能赚钱；现在就赚钱，可能会限制了企业的发展。只要把规模做起来，未来就可能看到一家值钱的企业。

但现在，这个逻辑变了。这是因为，当前互联网这个赛道开始面临挑战，互联网的头部效应被限制，"垄断"所带来的规模和收益被不断削减。在这种情况下，先做个值钱的公司的逻辑可能已经行不通了。因此很多投资者会对融资者说，要不你先盈利看看。这无疑是对融资者提出了新的挑战。

可见，未来，能先赚钱的公司比先值钱的公司更有价值，也更容易吸引投资者投资，而一旦获得投资，那么将会给企业带来钱和钱之外的诸多资源。如：

（1）获取收益。从本质上来说，投资是为了获取收益，投资也可以成为一个公司新的增长点，比如：2018年腾讯财报显示，腾讯一季度净利润为233亿元。其中，腾讯投资的虎牙IPO成功上市后为腾讯贡献了56亿元。上市后的虎牙市值38.29亿美元，而腾讯获得了约35%的股份，股份收入估值为13.40亿美元，扣除腾讯的投资成本后，这笔投资的收益约为8.78亿美元，折合人民币56亿元。

（2）扩充规模。以扩充规模为目的的投资，可以分为扩充现有市场或服务的投资和开发新产品或开拓新市场的投资。扩充现有市场或服务的投资，会使企业的规模不断扩大，在规模效应下，甚至可能使企业独占市场。开发新产品或开拓新市场的投资，是通过开辟新的生产经营（或服务）领域，与市场上的一种新的需求相联系，从而获得超额利润。

（3）控制相关企业。为了增强自身竞争力，提高市场占有率，投资者通过投资获得其他企业部分或全部经营控制权。比如，在阿里的新零售投资布局中，一直采取大比例持股的方式，阿里在三轮26.5亿美元对饿了么的投资之后，彻底把饿了么买了下来。2016年4月，阿里拿出12.5亿元投资饿了么，由阿里巴巴集团领投，蚂蚁金服跟投；2017年6月，阿里又向饿了么投资了4亿美元，由阿里巴巴集团领投，蚂蚁金服跟投；2017年8月，阿里再次投资饿了么10亿美元。三轮投资之后，阿里收购了饿了么，从大比例持股到直接控制饿了么。

（4）提高质量，降低成本。企业通过投资提高产品（或服务）质量，可以降低单位成本从而取得效益，一般是通过更换旧设备、采用先进的设备和技术来实现的。由于这种投资不会扩大业务规模，因此也被称为重置型投资，这种投资方式在传统企业中比较常见。传统企业投资下游企业，下游企业就能提升技术水平，提高产品质量，从而产生规模效应，最终实现降低成本的目的。

（5）应对经营风险。企业生产经营的许多方面都会受到企业内外部诸多因素的影响，具有很大的不确定性。经营风险是指因生产经营方面的原因给企业盈利水平带来的不确定性，企业可以通过投资来应对经营风险。而应对经营风险的投资主要是通过多元化投资实现分散和降低风险。

显然，投资投的并不仅仅是钱，还有平台、流量和资源。流量玩法是互联网的主流逻辑，那些爆红的创业公司多数都是阿里、腾讯直接或间接博弈的产物。比如，拼多多获得了腾讯30亿美元的投资。而对于腾讯来说，除了给拼多多注入了30亿美元的资金，还对拼多多开放了微信的链接平台，让拼多多无形中有了微信9亿用户流量的加持，迅速崛起。

总之，企业能不能发展，关键在于经营和融资；要想把企业做大做强，就必须学会融资，更要把融资变成一个促使企业发展的工具。面对企业经营风险大、信用缺失、抵押不足等问题，企业经营者该如何快速掌握融资技巧，巧用资本力量，使企业走向腾飞之路？答案就是，具备融资思维，把利润看淡看透，将产品变成融资工具，将代理权变成融资工具，将股权变成融资工具，把未来的钱成功提前变现。

# 目 录

# 第一部分
# 融资思维和资源战略整合

# 第一章
# 合格融资者的禀赋

# 一、拥有赛道级眼光的布局者

拥有赛道级的眼光，是成功融资者的必备要素。

所谓赛道，就是企业或个人从事的细分领域和商业模式，这是决定性的因素。赛道不好，即使融资者再优秀，也很难融资成功。

"现代管理学之父"彼得·德鲁克认为，企业是社会的器官，是一种社会分工机制，企业之所以存在，是因为它能够给社会提供某种服务，承担一份责任，为社会解决某个问题。而一个社会问题，就是一个商业机会。

赛道决定生死，选择大于努力。每个赛道的基因不同，成长空间也不一样，有的是高频赛道，有的是低频赛道；有的是下沉市场，有的集中在一、二线城市；有的赛道躺着赚钱，有的赛道赚着辛苦钱。看问题不能只看局部，而是要有全局性的眼光和对未来敏锐的预判性。

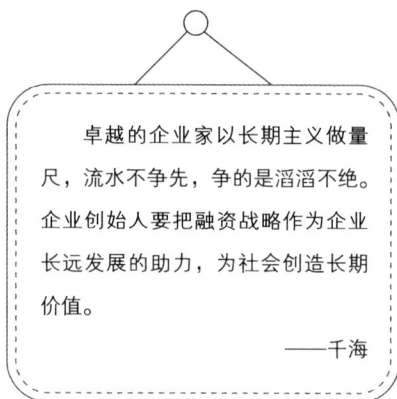

> 卓越的企业家以长期主义做量尺，流水不争先，争的是滔滔不绝。企业创始人要把融资战略作为企业长远发展的助力，为社会创造长期价值。
>
> ——千海

赛道的选择，比拼的是融资者的战略眼光。合格的融资者都会站在整个产业链的高度，以更宏大的格局和视野，看到产业未来会发生什么，做到提前布局，运筹帷幄、决胜千里。

京东就是典型的战略融资者。

京东是中国大型的综合网络零售商，是中国电子商务领域最受消费者欢迎、最具有影响力的电子商务网站之一，在线销售家电、数码通信、电脑、家居百货、服装服饰、母婴、图书、食品等百万种优质商品，凭借全供应链的优势，在中国电子商务市场具有领先优势。

无论在访问量、点击率、销售量，还是行业影响力方面，京东商城均在国内 B2C 网购平台首屈一指，其发展速度和广阔前景赢得了国际著名风险投资基金的青睐。

近几年来，京东商城经历了数次融资。

（1）2007 年 8 月，京东赢得国际著名风险投资基金今日资本的青睐，首批融资千万美元。

（2）2009 年 1 月，京东获得来自今日资本、雄牛资本和亚洲著名投资银行家梁伯韬先生的私人公司共计 2100 万美元的联合注资。这也是 2008 年金融危机爆发以来中国电子商务企业获得的第一笔融资。

（3）2010 年 1 月，京东商城获得老虎环球基金领投的总金额超过 1.5 亿美元的第三轮融资，这是金融危机爆发以来中国互联网市场金额最大的一笔融资。国际知名的老虎环球基金注资京东商城，体现了投资者对京东商业模式和出色经营业绩的认可。

（4）2011年4月，京东完成C2轮融资，投资方为俄罗斯的DST、老虎基金等六家基金，以及一些社会知名人士，融资金额总计15亿美元。

（5）2012年10月，京东完成第六轮融资，融资金额为3亿美元。该笔融资由加拿大安大略教师退休基金领投，京东的第三轮投资方老虎基金跟投，两者分别投资2.5亿美元和0.5亿美元。

（6）2013年2月，京东完成新一轮7亿美元融资，投资方包括加拿大安大略教师退休基金、沙特亿万富翁阿尔瓦利德王子控股的王国控股集团及其公司的一些主要股东。

一路走来，京东在电商赛道攻城略地，其独特的商业模式吸引了众多投资者，如今日资本、高瓴、雄牛资本、老虎环球基金、DST基金、加拿大安大略教师退休基金、沙特王国控股集团、腾讯、沃尔玛、谷歌……而京东呢？也给一众投资机构带来了难以想象的超高回报，缔造了一段又一段风投和战投的佳话。

经过多次的融资和发展运营，京东商城最终成为中国综合网络零售商的佼佼者。

企业融资对于其战略目标的发展和运营策略有着十分重要的意义，

比如，解决企业的生存发展问题。在金融危机的强烈冲击下，很多企业面临生存问题，实时融资，既可以让企业得以存活，又能避免员工失业，有利于企业重新崛起。再如，解决企业的发展问题。企业尤其是科技型企业，完成起步后，就到了扩大规模、高速发展的阶段，这时候资金就是发展的最大瓶颈。实时融资，可以给企业插上腾飞的翅膀，促进企业发展壮大。

国内垂直电商兴起于 2010 年前后，当当网是名副其实的垂直电商的代表。

当当网成立于 1999 年，由李国庆和俞渝创办。刚成立的那几年，当当网不仅是图书领域最大的电商平台，更是国内最大的电商平台之一，一度被冠以中国"亚马逊"的美名。

2000 年左右互联网风起云涌，人们开始接受"电商"这一新兴商业模式，网上购物变成一种时尚潮流。在人口红利的影响下，当当网迅速发展，至 2010 年，其已发展到了可以在美国纽约上市的规模。

其实，早在 1999 年 11 月，当当网就已上线，搭上了中国第一轮互联网热潮的顺风车，上线不久就拿到了老虎基金、IDG 集团等机构的风险投资。从这个意义上来说，当当网是以电商领域"先驱"者的身份诞生的。

不过，自上市之后，当当网就遭遇了史无前例的危机。在内部，李国庆和俞渝出现了纷争。在外部，创业环境日趋良好，众多电商企业兴起，在资本助力下迅速扩张，反观当当网，此时仍固守图书业务，甚至公开炮轰"烧钱"行为，中国图书电子商务领域的竞争变成了一场混战。这场战役，直接让当当的毛利率从 25.5% 下降到 19.5%。从 2011 年第二季度开始，当当网进入亏损期，这种状况一直持续了两年。上市后三年，当当网市值蒸发了约一半。

对于当当来说，图书承担着孕育新业务的使命，而在经历了价格战之后，当当的图书业务明显力不从心。其管理层意识到，再死守图书一条路，恐怕只有死路一条。为了换取一线生机，当当决定进行品类扩张。当当先将母婴类产品作为拓展对象，但效果并不明显，上市后甚至出现了连续亏损，不过管理层依然坚持向综合型平台转型。通过开放平台、扩充品类等举措，当当实现了毛利率的持续上涨，其客单价从 2012 年第一季度的 197 元上涨到了 2014 年第三季度的 206 元，两年多时间提升了 4.57%，终于在 2013 年底结束亏损，实现盈利。

除了同类竞争对手外，在移动互联网时代，以熊猫读书、多看阅读、掌阅、书旗和 QQ 阅读等为代表的手机阅读企业通过 App 的方式迅速吸引了网民目光，在一定程度上稀释了图书市场份额。另外，网络文学也是冲击当当网图书业务的最大劲敌。

在"内外交困"的情形下，当当网股价不断下跌，不得已在 2016 年选择了私有化退市，此时当当市值已不及上市时的 1/4，直至被海航收购。

当当最终发展至此，一个原因就是，企业高层缺少赛道级的眼光，少了战略想象力，不被资本市场看好，后期没有持续的资本投入，致使发展受困。

战略是企业为达成最终目标而采取的一系列粗略决策和行动构思，战略更是一种心态。其实，优秀的战略来自战略制定者对现在的恐惧和对未来的迷茫。因为恐惧和迷茫，所以要努力看清未来，调整当下，于是便有了战略。任何战略决策都不是相同和可复制的，因为竞争对手、市场环境、时机、资源、领导力、文化、执行团队等都不同，因此每一个战略决策都是独一无二的，需要随机应变。

战略不是法律，需要想象力。想象力是企业创新的源泉动力，制定富有想象力的战略，企业管理者可以对人才、资金、技术、销售等进行布局；借助赛道级眼光，梳理出有效的战略实施步骤，让战略变成实际行动。

# 二、明确企业的融资目标

企业融资是一项重要的任务，可以帮助企业获得所需的资金，支持企业日常运营和发展。

合格的融资者在正式融资之前，都会明确自己的融资目标，可能涉及企业扩张、市场营销、产品研发、人员招聘等多个方面。在确定需求和目标时，融资者需要对自己的业务进行全面评估，并对市场环境进行深入了解。

融资者需要确立一种产业可能性，用巨大的目标来吸引蔡崇信这样的人加入。蔡崇信，行事低调，极少抛头露面，几乎不接受媒体采访，是阿里巴巴的隐形英雄。他曾经放弃 580 万元年薪，加入月薪只有 500 元的创业公司，如今身价数百亿，是阿里巴巴当之无愧的二号人物。

蔡崇信对阿里巴巴有多重要？阿里上市前董事会有四个席位，其中一个就是蔡崇信的；阿里的合伙人制度中，只有两个是永久合伙人，其中一个就是蔡崇信。

蔡崇信 1964 年出生于中国台湾，1990 年拿到耶鲁法学院法学博士学位。从耶鲁毕业后，蔡崇信先在纽约做税务律师，之后进入私募股权行业，1995 年开始为总部设在瑞典的 AB 投资公司工作，主要负责公司的亚洲私募股本业务。

1999 年 5 月，蔡崇信第一次参观阿里，就被眼前的情景惊呆了：在有限的空间里，黑压压坐着 20 多人，地上到处都是床单，一群像着了魔一样的年轻人在那里喊叫着、欢笑着。蔡崇信喜欢这种氛围。

蔡崇信加入阿里后，将员工集合在一起，拿着小白板，挥汗如雨地从最基本的"股份""股东权益"开始教起；接着他又帮创始的"十八罗汉"准备了 18 份完全符合国际惯例的英文合同，明确了每个人的股权和义务，这一切都做得滴水不漏。从这一刻开始，阿里巴巴这家"公司"才具有了最粗略的雏形。

接下来，蔡崇信接受了加入阿里后最艰巨的任务——找钱。蔡崇信加入前，阿里进行过 37 次融资尝试，但都失败了。这完全可以理解，因为任何风投都不会投尚未进行工商注册、创始人没有成功创业经历的公司。

同时，当时网络泡沫折损了一堆网络公司，融资难度非常大。后来，蔡崇信做过 4 次重要增资，每一次都给阿里带来了脱胎换骨的机会。

第一次增资，发生在 1999 年 8 月。蔡崇信有位好友正好是高盛香港地区的投资经理，打算对中国互联网行业进行一次尝试性投资。蔡崇信敏锐地抓住了这个机会，说服这个好友投资阿里。由于有蔡崇信的背书，外界对阿里的信任大增，当年 10 月就敲定了这笔投资，高盛领衔一众机构向阿里投资 500 万美元，包括蔡崇信的老东家 AB 投资公司。这次融资对阿里来说意义重大，既让阿里有了继续发展的资金，也使其得到了投行巨头高盛的背书。

第二次增资，发生在 2000 年，也是难度最大的一次。阿里巴巴打算增资 2500 万美元。当时正值网络泡沫，网络公司"血流成河"，阿里巴巴的状况也好不到哪里去。这次，蔡崇信找到了日本软银的孙正义。在与孙正义进行了面对面谈判后，最终孙正义只投了 2000 万美元。因为如果接受了孙正义 4000 万美元的投资，那么阿里巴巴的股份就会被严重稀释。

第三次增资，发生在 2004 年 2 月。蔡崇信帮阿里拿到软银、富达投资、GGV 共计 8200 万美元的投资。

第四次增资，发生在 2005 年 8 月，阿里收购雅虎中国。雅虎投入 10 亿美元现金和雅虎中国价值 7 亿美元的资产，获得阿里 40% 的股份。之后，阿里不仅有了充足的资金，建构了"淘宝网"，也因合并雅虎中国，坐稳了今天中国第一大电子商务公司的宝座。

阿里的幸运在于，在企业开始发展的最早期就有了一个解决一切财务、法律疑问的"守护神"——蔡崇信。

融资战略是根据企业内外环境的现状与发展趋势，适应企业整体发展战略(包括投资战略)的要求，对企业的融资目标、原则、结构、渠道与方式等重大问题进行长期的、系统的谋划。比如企业融资需要根据企业发展阶段制定不同的策略。

第一阶段：种子基金

一个商业梦想，加上一个创始人、一两个技术人员或营销人员，以及一支由四五个人组成的小团队和一份商业计划书，就能去找种子基金了。

第二阶段：天使投资

公司的盈利模式落地成功，能为社会创造价值，方案已经能将产品制造出来，模式做出来了，就可以找天使投资了。

第三阶段：A 轮融资

公司有了产品和成功的业务模式，在一个原点市场有了一定的收入，并有潜力、可持续性，就可以进行 A 轮融资了。

第四阶段：B 轮融资

企业有了比较成熟的商业模式和产品，开始快速进行市场扩张，开启 B 轮融资，也就是成长期基金。成长期意味着企业的商业模式已经过论证没有问题，可以拿到大额资金，并开始扩张抢份额。

第五阶段：C 轮融资

企业拥有稳定的盈利模式和市场规模，已经能做到区域领先，执行已经到位，可以进行 C 轮融资了。融到 C 轮，全国复制完成，就可以上市了。

第六阶段：D 轮融资

一些企业在上市前可能还会进行一轮融资，即 D 轮，以实现企业的平稳增长。

| 第一阶段 | 第二阶段 | 第三阶段 | 第四阶段 | 第五阶段 | 第六阶段 |
|---|---|---|---|---|---|
| 种子基金 | 天使投资 | A轮融资 | B轮融资 | C轮融资 | D轮融资 |

图1-1 融资阶段

每个阶段都要有融资目标。融资目标是企业在一定的战略期内所要完成的融资总任务，是融资工作的行动指南，既涵盖了融资数量的要求，也包含对融资质量的关注；既要筹集维持企业正常生产经营活动及发展所需的资金，又要保证稳定的资金来源，增强融资的灵活性，努力降低资本成本与融资风险，增强融资竞争力。

# 三、顶级的战略也要执行

企业资源战略包括融资，企业家要知道有资源的聚集，才会有经营的成功。产品、品牌、人才、好的项目、好的商业模式、渠道、社会关系等都是资源，而资金是最重要的，所以企业要把融资作为战略目标，当然融资目标和融资过程两者缺一不可。

融资方案的实施是"一把手"工程，需要做好准备工作。原因在于，融资决策属于重大事项，融资方式和结构经常会涉及股权配置、财务、产权法律关系等问题，必须由决策高层来说清楚、拿主意。因此，想要快速解决融资过程中可能出现的问题，就要保证融资实施过程中的高效执行力。

2012年，王刚给了程维70万元，程维自己拿了10万元，准备好了创业的启动资金。当年5月，程维从杭州回到北京，没有创业经验的他做出了一个用于演示、勉强能上线的产品，计划用这个雏形融500万美元。

最初的尝试总是不尽如人意，几个月过去了，主流 VC（风险投资）找了个遍，但没有人愿意投资滴滴打车。那一年不止滴滴，易到、快的打车等初创公司已经开始瓜分出行市场，越来越多的投资人意识到，这些公司并不能简单看作是一个个的打车软件，而是未来出行的互联网化入口。

几个月后，金沙江创投合伙人朱啸虎找上门来，和程维一拍即合，半个小时谈妥了投资，据传他当时几乎一口答应了程维为滴滴提出的所有条件。那时候金沙江创投正在国内寻找类似 Uber（优步）的公司，最先看了比滴滴早两年成立的易到和快的，都没成。后来朱啸虎看到了滴滴，他回忆说："他（程维）想得很清楚：占领市场份额 80% 以上才会做专车。再加上他本身的阿里巴巴背景，非常擅长做地推，而且战略非常清晰，于是我们很快投了滴滴。"

A 轮融资完成后，滴滴飞速成长起来，而王刚当初的 70 万元，为他带来了超过 10000 倍的回报。

# 四、企业大而不倒的秘诀

如今任何一家企业想快速发展都应该把融资作为战略目标！

努力融资，一定会有回报吗？

坚持融资，有什么意义？

在融资过程中，好像总是充满质疑，以至于很多融资者都不能踏实地走下去。

为什么更多的融资者不愿意相信融资一定会有回报？因为不相信，就不会输；什么都不做，就不会犯错误。

不相信、不行动，固然不会丢脸，但也有失去所有的可能。

停在港口的船最安全，但那不是造船的意义。埃隆·马斯克说过："宁可错误的乐观，也不要正确的悲观。"这句话可能听起来有些偏激，但如果融资者悲观得什么都不信，不

没有成功的企业，只有时代的企业！顶级的战略是顺势而为。
——千海

仅什么都得不到，还会慢慢失去自己身上的光。一个不相信未来、不相

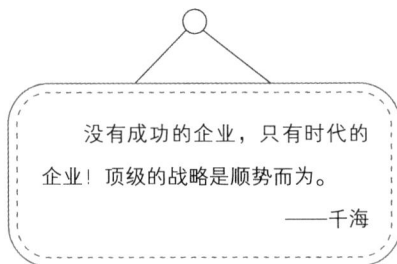

信机会、不相信努力的融资者，也就失去了希望。只有敢于去做，才能不断地提高成功率，最后接近成功。

融资者最重要的品质不是勤奋，不是聪明，而是勇气。真正的勇敢，是这次融资可能会失败，可能会出丑，可能会白白付出，但依然坚持去做，无论如何都要坚持走下去。

京东 10 年不盈利，10 年不见利润，但京东依然在坚持。十多年后，也就是在 2016 年，京东终于实现了年度盈利。财报显示，京东 2016 年全年净收入 2602 亿元人民币，同比增长 44%，全年在 Non-GAAP（非美国通用会计准则下）净利润达到 10 亿元人民币。

在连年亏损的情况下，京东还能屹立十年而不倒，依赖的是什么？京东那 10 年其实一直在花别人的钱，干自己的事儿，其"大而不倒"共分为三个阶段：第一个阶段是烧风险投资者的钱；第二个阶段是上市烧股市投资者的钱；第三个阶段成就超级规模，玩转现金流生意。

1. 烧风险投资者的钱

从初创一直到上市的十多年，京东靠风险投资苦苦支撑。风险投资以巨额资金换京东的成长速度，考核的就是销售额。因此，京东拼命烧钱补贴，致力于做大规模，将"跑销量"做到了极致，最终发展成为仅次于淘宝的电商"巨无霸"。正是看到了京东的成长潜力，即使每年都出现巨额亏损，但其仍然获得了诸多风险投资者的青睐，心甘情愿地为它"补血续命"，最终让其成功上市。

2. 上市烧股市投资者的钱

2014 年，京东终于上市，开始烧美国投资者的钱。这时，国内电商仍在快速发展，人口红利仍在，京东的销售增长率在业内依旧无人能及，美国投资者源源不断为京东输血，使得京东终于在 2015 年从亏损转身盈利。但此时，国内电商的人口红利已在慢慢消失，因此，京东为了避免亏损，开始调整战略，不再进行规模扩大，而是试图在存量上寻求利润增长空间。

3. 玩转现金流生意

在苏宁、国美等一众电商很难挣到钱的情况下，京东却越做越强，靠的就是规模足够大，对供应商有话语权，可以无偿占据"销售资金"，玩转现金流，这也是所有大型零售商成功的终极秘密。京东用应该付给上游供应商的账款，搞"京东白条"挣取利息或投资获利；或利用这些资金，合法投资证券、地产等，既能优化财务报表，又可以获取利润，一举两得。

无独有偶。亚马逊主动放空所有利润，建立电商生态，虽然遭受了很多谩骂，但一直在向前。

亚马逊是全球知名的电子商务平台，拥有 18 个站点，覆盖北美、欧洲、亚洲、拉美等多个市场，服务超过 3 亿消费者，销售超过 1.2 亿种商品，年收入超 3.8 万亿美元，品牌价值达到 2992.8 亿美元，位居全球前列。

亚马逊一直致力于技术的创新和应用，利用人工智能、大数据、机器学习等技术，提升了商品推荐、搜索、定价、广告等方面的效率和效果，为客户提供了更加个性化和智能化的服务。除此之外，亚马逊还开创了自营和第三方卖家共存的平台模式，为卖家提供了开放、公平、透明的交易环境，为客户提供了更加丰富和多样的商品选择。

但亚马逊在很多地方都有竞争对手，也会遇到很多困难，面临一些挑战和机遇，需要不断地调整和应对。这些对手都在不断地提升自己的产品或服务，争夺市场份额和客户忠诚度，给亚马逊带来了巨大的压力和挑战。

亚马逊的客户群体庞大且多样，他们对亚马逊的产品或服务有着不同的需求和期待，比如，有些客户更看重价格和性价比，有些客户更看重品质和体验，有些客户更看重创新和趣味，有些客户更看重社会和环境责任等。亚马逊不断地了解和满足客户的多元化需求和期待，提升客户的满意度和忠诚度，打造更加亲密和持久的客户关系。

短期内，亚马逊的营业利润可能会继续停滞不前，零售销售也会疲软。但亚马逊作为电子商务市场领导者的地位不可撼动，加上 AWS（云平台）的强劲增长，相信亚马逊会很快回归。

从以上两个例子可以看出，企业不但要自己发现新的需求与市场，甚至需要从传统行业的口中抢夺市场。我们可以把这种活动理解为一个国家要开疆拓土，就要烧钱养军队，至于城池纳税带来的收益，那是水到渠成的事儿。

烧钱和亏损本身并不是吸引资本的利器，烧钱烧出来的商业版图才是资本最看重的。一旦企业开始赚钱，在资本看来，就能清楚地看到企业发展的极限了，资本此时再加入，就很难从中获得丰厚的利润了，而对于此时的企业来说，也就没有了融资的必要。

# 五、对融资的时机有极致的掌握感

融资者要想融资成功，需要"天时、地利、人和"。时机不对，会阻碍融资的步伐。企业所有生产经营准备就绪就缺启动资金，或者企业由于扩大规模导致流动资金或固定资金缺乏时，就是企业的融资时机。

选择融资时机的过程，就是企业认识外部环境的过程。过早融资，企业经营规模不大，市场空间小，会造成资金闲置；过晚融资，则会失去投资机会，影响企业的战略发展。从企业外部来讲，经济形势瞬息万变，会直接影响融资的难度和成本。因此，融资者若能抓住企业内外部的变化所提供的有利时机进行融资，往往会较容易获得成本较低的资金。

1. 把握好融资的最佳时机

合格的融资者都对时机有着极致的掌握感。通常，最佳的融资时机如下：

（1）准备出来创业时。创业者刚出来创业时，基于自己历史的工作成就，往往容易获得客户、同行以及身边朋友的认可。如果创业者本身是个值得信任的人，又拥有良好的商业履历，那么刚创业就是很好的融资时机。不过，这些信任是自己此前的修为沉淀下来的，无比珍贵，不能轻易消耗；再加上，多数创业者都没有担任过负责人之职，因此即使向自己最熟悉的人融资，也要寻找专业的融资服务团队，做好规划。

（2）产品研发完成后。产品研发是件风险很大的事，一旦判错方向，所有投入都可能打水漂，也因此，即使是很多考虑早期项目的投资机构，也要求产品研发完成并获得市场的认可后，才会考虑投资。而其中产品研发完成后能否获得市场的认可，是投资者决定是否投资的关键。

（3）单个市场验证成功时。产品研发完成后，要先在单个行业或单个区域市场进行验证，如果验证成功，就是很好的开启融资的时机。值得注意的是，产品验证的时候，融资者一定要记录好自己产品的推广转化数据，比如单个客户沟通次数、客户转化率、客单价、单客生命周期价值等核心数据，这些数据对于后续融资至关重要。

（4）单品成功，纵横扩展时。单品成功以后，如果想继续扩大营收，常用的方式是横向扩张同一客户群体的其他需求，或纵向在产业链上延伸，这时候融资者已经有了产品成功的经验，因此很容易就能获得投资者的认可，故而此时启动融资是一个很好的时机。

（5）企业状态最好时。一般来说，如果企业尚处于初创阶段或激烈的市场竞争阶段，且还没有核心竞争力，那么业绩是很难达到投资者要求的，投资者看不到盈利的希望，便会保持观望态度。反之，当企业有了小阶段提升，有了能够盈利的项目时，才是最好的融资时机。这时，企业会很快吸引投资者的目光，即使企业还处于初创阶段，只要具备高成长潜力，就容易融资成功。

2.关注金融环境，果断决策

融资者要时刻关注国内外的各种利率、汇率等金融信息，当有利好消息时，就容易吸引投资者，因为投资者都喜欢投资获利。若经济发展状况良好且上升趋势明显，那么多数投资者都会投资合适的项目，以便分享经济发展带来的红利。融资者要合理分析和预测对融资有影响的各种有利或不利信息，以及未来的趋势，因此做融资决策时要有超前性和预见性，以寻求最佳的融资时机，果断决策。

3.把握融资时机的关键因素

企业自身因素对融资者影响较大，融资需求源自企业发展战略，不能孤立地看待，要从整体来看，尤其是在时机的选择上。一般来说，融资时机的关键因素有以下几个：

（1）团队是否有懂技术的成员。产品驱动型企业，团队有专注于产品、懂技术的成员，融资成功率就会提高。

（2）企业是否有客户。如果企业还没有稳定的客户，那么就要先将重点放在寻找客户上，因为客户是项目具备市场潜力的证明。

（3）项目是否有前景。让投资者直接看到项目所具有的前景，会给投资者留下更深刻的印象，融资成功率也会更高。

（4）用在融资上的时间。融资很耗时，一旦准备融资，就要投入很多资源，同时还要做好长期奋战的准备。

莎士比亚说："好花盛开，就该尽先摘。"融资也是如此。融资者要在合适的时机登上融资这趟列车，借助资本的力量，完成创业梦想，让企业实现快速发展。

# 六、战略融资者选择赛道和优化系统

大赛道和优质系统才是融到钱的前提。

尽管 2023 年被定义为线下消费"全面复苏"的一年，但随着消费者消费习惯和心态的转变，2023 年也成为各行业"最卷的一年"。不仅如此，在资本市场，更难以用"复苏"来为 2023 年下注脚。从消费品牌融资的情况来看，融资者想要从资本手中拿到钱，似乎变得更加艰难了。

2023 年资本较从前更为谨慎，但对于大热的赛道，还是出现了资本扎堆涌入的现象。从 2023 年的融资关键词中也能看到，云谲波诡的市场里，能让资本追逐的，一定是那些"爆款"。举几个不同行业的例子：

1. 餐饮的火爆

在大餐饮领域，凡是有热度的细分赛道，资本都不会缺席。

2023 年，茶饮、咖啡全面开"卷"，从迅速蔓延的"9.9 价格战"，到让人眼花缭乱、接连刷屏的联名秀，可以说这一年，茶饮、咖啡始终活跃在消费者的视线内。

近年来，小菜园增长较快，2023 年前三季度，小菜园实现营收同比增长超 40%，门店规模已超 500 家。2023 年 12 月，餐饮连锁品牌小菜园宣布完成新一轮融资，投资方为加华资本。这也是其年内的第二笔融资，其上一次融资是在 3 月，亦是由加华资本投资。作为小菜园的独家投资者，加华资本累计投资金额达 5 亿元人民币，这不仅是 2023 年餐饮赛道最大的一笔融资，也是近年来大众便民餐饮市场最大的一笔融资。

另一个让资本争相入局的品类是中式汉堡。仅 2023 年第四季度，中式汉堡就完成了 5 起融资，其中肯卫汀在 10 月和 11 月接连完成了种子轮和战略融资，种子轮融资金额未披露，战略融资获得中募投资的投资，融资金额 1000 万元人民币。同样是在 11 月，中式汉堡品牌"翰堡功夫"完成 A 轮融资，投资方为源码资本，单笔融资金额达到 1.2 亿元人民币。

而此前热度很高的零食、烘焙品类，融资速度整体维持了相对稳定的水平。其中，零食品类中，量贩零食品牌融资最多，仅 2023 年第四季度就有零之屋、小喵很忙、零食很忙获得融资，其中零食很忙的融资金额更是达到 3.5 亿元人民币，由休闲零食品牌好想你、盐津铺子参投。

由此可见，眼下，相比"喝"，投资方对"吃"的关注更多一些。

2. 资本布局护肤品赛道

不同于分出多个细分品类的大餐饮赛道，零售赛道的"支柱"仍然是持续收获流量的美妆护肤品类。

2023 年第四季度，美妆医美赛道出现了一个"双融"品牌——绽妍生物。绽妍生物是一个主打皮肤屏障修护的品牌，旗下拥有绽妍、德菲林、绽小妍等子品牌，2023 年 10~11 月，其先后完成天使轮和战略融资，投资方有鼎晖投资、楚昌投资，两次融资的金额均未对外公布。

此外，2023 年上半年，国货美妆护肤品牌 CODEMINT 纨素之肤获得全球领先的护肤品、化妆品和香水公司之一的雅诗兰黛股权投资。这也是雅诗兰黛集团首次在中国投资美妆品牌。

事实上，2023 年以来，国货美妆护肤品牌充满话题性，这不仅指美妆护肤品类，也包括部分国货服饰品牌，例如，四季度有出海快时尚品牌 Urbanic 获得 C 轮融资，融资金额 1.5 亿美元；上半年，一度风靡社交平台的无性别服饰品牌 bosie 伯喜也完成了 B2 轮融资。

3. 文娱少了亮点，宠物品类降温

文娱和宠物赛道略显冷清。据品牌数读统计，2023 年第四季度，文娱和宠物赛道均只获得 1 起融资。

文娱赛道获得融资的是小黄鸭IP运营商小黄鸭德盈，由沙特阿拉伯公共投资基金战略投资，金额为2.5亿美元；宠物赛道的融资则来自宠物用品品牌江莱宠物，由龙玲资本战略投资，融资金额100万元人民币。从四个季度的融资走势来看，2023年下半年文娱赛道一直保持冷清的状态，三、四季度都只有1起融资；宠物赛道则在第三季度达到爆发期，但是，又在第四季度急速降温，整体起伏较大。

宠物经济是近几年才大火的赛道，多家研究机构的研报中都提到，当下年轻人对于宠物的热爱正在为宠物产业创造一片充满想象的蓝海。从2023年前三季度的融资走势也能看出该品类的热度。上半年，宠物赛道共完成9起融资，涵盖宠物健康医疗、宠物食品、宠物用品、宠物数智化产业品牌等；第三季度，宠物品牌融资达到7起；但到了第四季度，宠物赛道骤然"失宠"，只有1起融资。

总结来看，真正能融到钱的项目，都有这样几个特点：

1. 聚焦刚需

一个项目能否做起来，关键取决于产品或服务能否满足用户的需求。如果用户任何时候都需要你的产品或服务，那么你就能成为赚钱的公司；如果只有极少数的用户需要你的产品或服务，那么你多半要关门大吉。用户的需求和获得成本密切相关，融资者不但要能提供好的产品或服务，还要让收费模式为用户所接受，这样你的项目才能形成完整的闭环。

## 2. 简单清晰

所谓简单清晰，就是项目能用一句话描述，能在三分钟内讲透。一些融资者认为项目的盈利模式越复杂越有竞争壁垒，实际上恰恰相反，项目越复杂，就越难形成闭环，在可复制上就会越困难。

真正优质的项目都是非常简单易懂的，比如，早期的腾讯，用一个词就可以定义，那就是"社交"；用一句话介绍就是提供社交服务和增值服务；更具体地来讲就是通过提供免费的社交工具来吸引用户，然后以游戏、广告、微信支付等增值业务实现盈利。

## 3. 保持开放

一个好的创业项目，一定是一个与商业趋势保持一致的、开放的系统，因此融资者要懂得居安思危，不能将模式停留在某一点上，要不断寻找"第二增长曲线"。就像腾讯的"赛马机制"，其团队内部时刻在自我孵化、自我竞争，由此诞生出微信、王者荣耀等强大的互联网产品。

此外，好的项目要能"多维增值"，能多维度开发用户价值，向同一批用户提供不同的产品。商业模式不是一锤子买卖，要聚焦用户不同的需求，让用户不断延展消费。

## 4. 系统性强

有一些融资者认为，只要有好点子就可以融到资，其实并非如此。实际上，项目的竞争力来自其完整的系统能力，而不仅是一个创意。这几年之所以会出现"千团大战"、"千播大战"以及共享单车的"颜色大战",就是因为在很多情况下,你能做的事别人也能做,一旦你做了起来,跟风者就会蜂拥而至,因此你要有完整的系统能力,包括团队和创始人不断的自我更新能力。

当然,除了项目本身要优质,在与投资者的沟通中,还要做到对投资者有深入了解。正所谓"知己知彼,方能百战百胜",想融资成功,融资者还要明确投资者的关注领域、投资观点、主投阶段、代表案例等信息,以提高融资成功的概率。

拿投资者的关注领域来说,如今的投资机构和投资者多如牛毛,融资者需要花时间去了解投资者到底关注哪些领域,比如,IDG 资本热衷于互联网、新型消费及服务、文娱等领域,北极光创投更关注 TMT(数字新媒体)、医疗健康和先进技术等领域,而纪源资本更看好物联网、前沿科技等领域。

投资者的主投阶段也有很大差别,比如,同样是关注医疗健康的投资机构,启赋资本更希望在天使轮到 A 轮的投资中挖掘到潜力企业,而平安创投则更聚焦 C 轮以上到 IPO 阶段的企业。这提醒融资者,要根据不同阶段选择适合的投资者。

而从投资者的代表案例中,融资者能看出投资者的投资偏好和投资实力,也能在案例中找到标杆,在与投资者沟通交流时找准切入点,形成良性互动。

# 七、内部融资是企业经营智慧

据美国《财富》杂志报道，中国中小企业的平均寿命只有2.5年，集团企业的平均寿命仅7~8年，每年倒闭的企业约有100万家。不仅企业的生命周期短，能做强做大的企业更是少之又少。曾经很多企业辉煌至极，打造了良好的产品品牌和企业形象，但后来遭遇危机，最终纷纷倒下！仔细研究就能发现，导致这一现象的原因之一就是缺少内部融资的智慧。

企业内部融资，不仅可以避免高风险，还能实现共创共享。比如，华为、万科、阿里巴巴、小米等新经济时代的"巨无霸"企业，就在不同程度上运用了内部融资的方式。

> 生意不是难做，而是越来越难！传统企业最大的敌人是"时代"，企业家重复旧的思维只会得到旧的结果。
>
> ——千海

这里，我们就以华为为例来说明。

在华为的发展过程中，内部融资发挥了重要作用。

1990年创业初期，为了解决融资难、稳定创业团队等问题，华为第一次提出内部融资，决定让员工持股。自此，员工的收入结构由"工资 +奖金"变为"工资 + 奖金 + 股权分红"，收入比原来增加了 50%，既很好地解决了融资问题，也增加了员工的归属感。

2000 年，互联网出现泡沫，华为迎来了发展史上的第一个"冬天"。为了解决融资难的问题和维护管理层的控制力，华为改革了员工持股计划，使其变得更为合理。

2003 年，华为进一步增加员工持股份额，并对核心层倾斜，实现了营业收入和净利润的大飞跃。

2008 年，华为推出新一轮员工持股计划，进一步改进了员工持股结构。该计划几乎涵盖了所有工作满一年的员工，不仅帮助华为度过了全球经济危机，还为其接下来的发展挽留了大量人才。

经过多年的发展，华为的内部融资制度越来越完善，员工可以直接购买公司内部股票，享受内部股份和分红。只要公司内部配股或增发新股，一般都能得到新老员工的支持。而且，华为员工的收入比较高，内部融资相对容易。

由于华为的实业很强，年营收很高，员工持有的股份能够为其带来较多的回馈，自然不会轻易出售手中的股票，这样就进一步稳定了华为的资金流。

就这样，华为通过内部融资，用员工的资源成就了员工，不仅很好地解决了融资难的问题，还将企业命运和员工发展紧密地联系在一起，实现了内部团队的共创。员工成了企业的"主人"，大家共享财富、共担风险，不懈奋斗，互助共赢，为华为的发展壮大提供了强大的动力。

值得一提的是，任正非作为华为创始人，出资占公司总股本的比例不足1%，其余全部由华为员工持有，因此说华为已经是非常明确的员工共有公司，即使任正非的个人痕迹再重，也是在为大家出力，而非为自己。

# 第二章
# 投资者和融资者相向而行

# 一、每一笔融资之前都要沉淀一段时间

融资是一把手的任务，尤其是在企业相对早期的阶段，任何人都不能代替他去主导公司的融资工作。

融资是公司 CEO 的重要工作之一，每一笔融资之前都要沉淀一段时间。开始融资时，要抱最低的期望、做最好的准备。优秀的 CEO 都会将融资当作战略梳理的机会，厘清合适的阶段与合适的投资者，以及合理的时机与价格。

> 融资是企业成长的助推器，是企业规模化发展的加速器。
>
> ——千海

准备不充分，即使会见了 100 位投资者，融资也无法获得实质性进展。当然，融资不同于选美，不需要所有投资者喜欢，只要有 1~3 家投资机构认可即可。

如今，PPT 融资模式、"富老头"的钱已经不好融了，资本只青睐拥有无限可能性和已经将路跑通的人。那么，在正式融资之前，需要做哪些沉淀呢？

### （一）了解投资者的关注点

投资者都有自己的投资原则，并不是融资者认为项目比较好或表现好，他们就会投。

以下是投资者常见的关注点，也是融资者最该做的准备。

1. 精心准备的商业计划书

即使企业在行业洞察、竞品分析、团队搭建、产品上线等各个环节都表现出色，甚至已经取得了令人瞩目的初期运营成绩或优秀利润，仍然有可能在面对投资者时败下阵来。要想赢得投资者的青睐，需要一份重量级的商业计划书作为融资的敲门砖，要通过一份精心准备的文件来展现自身实力。

投资机构每个月从海量的商业计划书中筛选出的优秀项目寥寥无几，经过进一步的精挑细选，最终能获得投资的就更是凤毛麟角。这种情况下，就需要商业计划书发挥作用了。那好的商业计划书都是怎样的呢？比如，要以一个科学的体系作为支撑，对自己的思考进行反复推倒重建，以扎实的步骤和持续的优化更好地将自己的项目呈现给投资者，提高融资成功率。同时，要在商业计划书中展现出对行业的深刻洞见、对市场需求的精准理解以及对商业趋势的敏锐预判。

2. 专注自身赛道

要想成功融资，就要脚踏实地把项目做好，因为在当今这种经济环境、行业环境下，初创项目很难快速做成平台，没有 2~3 年积累，哪来客户基础，没有客户基础又何谈平台？举个例子：

世优科技成立于 2015 年，是一家虚拟体验技术解决方案服务商，致力于为政府企业、品牌、明星、名人及每一个人打造元宇宙分身（数字人），并构建数字人元宇宙，广泛应用于广电媒体、品牌营销、电商直播 / 短视频、政府文旅、教育娱乐、影视番剧、AR/VR/AI，NFT/ 元宇宙等各类线上线下不同场景。

公司在虚拟技术领域耕耘多年，积累深厚，在底层算法、产品技术、市场运营、客户服务等方面有较多经验和领先优势；自主研发的"数字人工厂"产品体系、"虚拟内容 SaaS 平台"和"元宇宙分身秀平台"助力各行业合作伙伴"低本高效高质量"地打造元宇宙内容和互动体验。目前已为央视、中国移动、华为、阿里巴巴、海尔集团等在内的近 1000 家客户提供产品或服务，累计打造数字人超过 1000 个。世优科技也先后完成两次融资，累计融资金额近 2 亿元人民币。

2023 年底，世优科技完成 B 轮过亿元融资，投资方是天地在线、万顺新材、华晨美景、恐龙园集团等多家机构。本轮融资完成后，世优科技继续聚焦虚拟数字人技术赛道，加码数字人底层创新的投入，加快全球市场规模化拓展，促进上下游生态合作。

3. 有核心竞争力

很多公司在找投资者进行融资的时候，都会提出自己的核心竞争力。公司的核心竞争力主要体现在哪些方面？

（1）价值高。要对公司非常有价值，例如：显著降低成本、提高服务质量、提升工作效率等。

（2）市场稀缺。这种能力在市场或者社会上是稀缺的，物以稀为贵。

（3）不可替代。只有这种能力，才能提高公司产品或服务的水平，并且其他公司不能用其他的能力替代。

（4）不可复制。这种能力为自己公司独有，可以创造出超过行业平均的利润，不能被其他公司模仿或者复制。

4. 有优秀团队

投资者不仅看重企业的商业模式和前景，还非常看重企业的团队。因为一个具有强大执行力、创新精神、领导能力的团队，能带领企业实现更快速的发展。我们永远无法衡量一个充满热情、与你秉持同样理想的团队会为公司创造多么巨大的价值。

5. 创始人谨慎而乐观

创始人谨慎而乐观，会用开放的思维来看事情、理解问题，是投资者乐意看见的。如果创业者不愿意跟投资者深入交流，或交流不透彻，甚至有一些隐瞒，投资者怎么能更好地了解这个项目？更何谈帮助导入资源呢？

6. 项目造血能力强

投资者一般都不会投资依赖资源型的项目。很多投资者听过这样的话，"我和某某政府部门关系比较好，那块地或项目可以优先给我们"，"我和某个领导关系比较好……"其实，这种做法根本就不靠谱，投资者更不会觉得稳妥。资源和人脉不是说的，是用的，只有发挥作用了才有价值。这时候，妥当的表达是：自己造血能力强，有可以向市场要效益的项目。

7.有潜力和想象空间

比如，某个项目利用海水潮汐发电，发电转化率、稳定性、电能存储等都比目前市场上的风能发电要好很多，而且有自己的专利技术。这样的项目，更容易吸引投资者。

8.财务状况良好

投资者也非常关注企业的财务状况。因为只有财务状况良好的企业，才能为投资者带来较低的风险。这些企业不仅自身能够抵御市场风险，还能保障投资者的利益。以下是一些建议：

（1）保持良好的财务记录。确保企业的财务报表准确、完整，并及时更新。

（2）优化财务结构。合理控制负债水平，提高资产负债率，以增强企业的偿债能力。

（3）提高盈利能力。提高产品或服务的质量和附加值，增加企业的收入和利润。

（4）加强现金流管理。确保企业有足够的现金流来支持日常运营和偿还债务。

（5）提供可靠的财务预测。为银行提供清晰、合理的财务预测，展示出企业的发展潜力和偿债能力。

（6）寻求专业的财务建议。如果对企业的财务状况存在疑问，可以寻求专业的财务顾问或会计师的帮助。

### 9. 社会效益良好

作为社会的重要组成部分，企业同样是"国家公民"之一，不仅拥有追求自身经济利益最大化的权利，还承担着"积善扬德、助困扶弱"的社会责任。一个有社会责任感的企业，通过践行社会责任，产生社会效益，不仅会获得客户的认同，还能增强企业的核心竞争力。

对于企业来说，经济效益是企业创造价值的重要体现，也是衡量企业实力的重要指标，而社会效益则是对企业肩负的社会责任的最好诠释，更是企业对梦想、希望和人文关怀等社会正能量的传播和传承。随着人们的环保意识和社会责任感的增强，投资者也开始关注企业的社会效益。事实证明，具有良好社会效益的企业，往往更能获得投资者的青睐。

### 10. 有良好的品牌形象

最近几年，投资者非常看好具有强大品牌影响力的企业。因为具有良好品牌形象的企业，能在市场上获得更高的认可度和美誉度。那么如何塑造良好的品牌形象呢？

（1）塑造差异化。在近乎饱和的市场下，想做好品牌，必须找到能放大自身产品与其他产品差异化的特征，如果不能找到更加突出的品牌特色，没有自己独特的个性，就很难持续引起公众的关注。进行品牌定位时，企业要了解竞争品牌的特色，有利于更好地打造与竞品的差异化特色。真正地做好差异化，品牌就会拥有吸引受众的特性。

（2）做好公关。品牌形象最终要建立在社会公众的心目中，广告做得再好，口号再响亮，最终招商的结果还是取决于品牌自身的知名度、美誉度以及公众对品牌的信任度、忠诚度，因此公关的意义就是将营销成果落实到这些维度上，最终实现转化。

（3）提高质量。这一点是产品立足市场的基础。企业的产品质量存在问题，即使短期内获得了收益，也无法获得消费者的信任，实现长期盈利。

（4）选择优质渠道。通过优质的渠道将企业产品进行展示，不仅能提升企业的知名度，获取更多流量及客户，还能够借助渠道的权威性，让用户信赖，从而让品牌在较短时间内在客户心中树立良好的第一印象。

11. 有好的文化氛围

良好的企业文化能激发员工的创造力，促进企业创新发展，吸引和留住优秀人才，促进企业的长远发展，这一点也是投资者所看重的。打造良好企业文化氛围的策略如下：

（1）善于沟通。上级如果是权威的、不可以被质疑的，就无法营造一个良好的沟通氛围。领导层与员工进行有效的沟通，不但可以获得员工对领导的信任、对公司的热爱，还可以使领导获得真实的信息。

（2）营造信任氛围。良性健康的激励和充分的信任，可以鼓励员工放开手脚，发挥潜能。

（3）员工个性化。员工有权利根据个人的偏好把办公环境布置得更舒适。在舒适的工作环境下，员工的工作效率更高，也更愿意长久地留下来。

（4）帮员工做好职业规划。通过员工和组织的共同努力，使员工的职业生涯目标与组织发展目标相一致，使员工的发展与组织的发展吻合。

（5）团队精神。员工对团队有着很强的归属感，同团队共享成功及实现价值会激励员工。

（6）管理结构良好。近几年，投资者非常看好具有规范的内部管理制度、透明的财务信息披露制度的企业，因为这些企业能够降低投资风险，保障投资者的利益。

12. 具有明确的融资需求

一个具有明确融资需求的企业，能够吸引投资者的关注，提高融资成功率。比如，服务业企业。

服务业企业通常轻资产、重人力资本，其资金需求主要集中在日常经营和扩张，或者是存货的流动资金贷款和促销活动的经营性开支借款上，其特点是量小、频率高、贷款周期短、贷款随机性大。因此，它们会更倾向于选择短期贷款、商业票据、应收账款融资等短期融资方式来满足其资金需求。

### （二）做对客户有价值的企业，赢得投资人的青睐

如何提高企业的价值呢？

1. 服务革新

所谓服务革新，就是从以产品为导向的商业模式转变为以服务为导向的商业模式，专注于满足客户需求。

从前，消费者更多的是被商品本身吸引，而如今消费者更多的是被商品所提供的服务吸引。服务相对于产品的优势在于，服务能直接交付给客户，免除了拥有和维护产品的困扰。

这种商业模式能为客户提供最新、最优质的服务，且不需要他们重复购买已经拥有的东西，这就能加强与客户的联系，提高客户的全生命周期价值。

以宝马为例。

1916 年宝马成立，1928 年开始生产和销售汽车。

从 1962 年起，宝马开始采用"产品 + 服务"的模式，给重视质量的客户提供"终极驾驶体验"，增加了驾驶的乐趣，使客户能准时、轻松地到达目的地。

城市里的汽车越来越多，导致停车位的匮乏和对环境的污染。更重要的是，很多都市人，尤其是年轻的都市人，不再想拥有自己的车辆，出行时他们更多的是偏向于能简单地获取移动服务，这样就出现了新的运输形式，如优步。在这个问题上，宝马洞察到了设计更小的汽车、电

动汽车，甚至提供汽车共享服务的机遇，如宝马 DriveNow（共享汽车）。

很明显，未来的移动方式与便利性息息相关。宝马正在慢慢转变为一家全系列服务的移动服务提供商。

对于未来的移动性，宝马有着清晰的愿景。宝马比以往任何时候都更清楚地意识到，客户是坐在驾驶座上的人。相比其他，客户更喜欢无缝的、简便的、即时获得的产品或服务。

作为服务革新的一部分，相信在不久的将来，汽车生产商最终可能会成为服务提供商。

2. 利益相关者革新

利益相关者革新是一种寻求为所有利益相关者，包括客户、员工、合作伙伴、社会和投资者，同时创造价值的商业模式。积极地让每一个利益相关者参与进来，他们在获利的同时也能实现自己的目标。客户更加满意；员工更加专注于服务客户，不断创新，满足客户的需求；合作伙伴则会更积极地投入协作，推动业务的增长；社会也欢迎做出这一转变的公司，因为它们会对社会产生积极的影响；最后，投资者也喜欢进行利益相关者革新的公司，因为它们的长期业绩能比那些仅追求利润的公司高出 5~8 倍。

联合利华就是从优先考虑股东的短期利益转变到优先考虑所有利益相关者的长期价值的公司代表。

联合利华基于共享繁荣的理念，推出了许多具有社会效益的产品。

所有产品都是在品牌组合的商业模式下进行管理的，各品牌商品被开发、生产出来，并通过联合利华的其他客户细分市场、零售商和门店销售给消费者。

联合利华的主要活动在于管理庞大的食品、个人护理和家庭护理领域的品牌组合。对于每个品牌，它一方面进行品牌建设、销售和配送，另一方面制造和开发高质量的产品。

联合利华致力于实现积极进取的社会、环境和财务目标，推动了整个品牌组合的创新，涉及肥皂、牙膏和安全饮用水等领域。

联合利华的前 CEO 保罗·波尔曼（Paul Polman）认为，联合利华可以帮助人们改变生活习惯，比如每天刷牙两次、更健康的饮食和锻炼。在许多方面，波尔曼的理念都在致敬联合利华最早期的产品——肥皂，一种让洗手变得更容易，并将健康、卫生带到全世界的产品。

在商业革新这条路上，联合利华一直没有停下脚步。联合利华相信，通过创造更好、更具可持续性的产品可以降低对环境的负面影响，也鼓励消费者有区别地使用它们。例如，看到洗涤衣物的产品给环境带来了很大的负面影响，于是联合利华便开始开发新产品，生产适用于缺水地区的一次漂洗织物洗剂。

公司的最终目的是给客户和所有利益相关者创造价值，同时只有创造足够多的价值，从长远来看公司所获得的利润才能更高。

3. 数字化革新

数字化革新是一种商业战略，它利用数字化技术创造、提供更好的客户体验。瓦尔比·派克（Warby Parker）就是数字化革新的代表。

眼镜行业的发展已经停滞了数十年，几乎不能为客户创造新的价值。瓦尔比·派克打算让顾客在变得好看的同时，省下一些钱，还能捐赠一副眼镜给一个需要帮助的人，于是他便制定了数字战略并积极实践。

鉴于全球有近 10 亿人没有眼镜，瓦尔比·派克创立了"买一副，送一副"项目。每卖出一副眼镜，就有一副眼镜通过公司的非营利合作伙伴分发给有需要的人。2011 年瓦尔比·派克售出了 10 万副眼镜，在距年底三周时就实现了年度销售目标，但仍有 2 万人在等待清单上。显然，廉价和别致的产品确实是人们一直追求的。2015 年，公司估值达到了 12 亿美元，成为眼镜市场真正的领导者。

怀抱无论客户身处何方都与顾客建立联系，并为他们服务的希望，瓦尔比·派克以数字化优先的战略开始了他的商业之旅。为了做到这一点，公司设计了整体的客户体验，客户不需要去实体门店就能寻找、试戴、购买，甚至退货。在网络销售渠道稳定后，瓦尔比·派克才开始扩大实体店规模。

瓦尔比·派克已经证明，即使在行业中有非常根深蒂固的"领袖"，也有机会通过新的商业模式来打破现状。

# 二、融资成为企业稳增长的加速器

在今天的创业环境下，寻求融资已然成了多数创业公司达到快速发展目的的必经之路。但是，有些初次创业的创业者以及传统公司，在寻求融资的过程中经常会走弯路，导致融资效率低下。

其实在融资之前，融资者已经准备好了众多资源，资本进来的目的越单纯，证明融资者的准备工作越充分。

成熟的资本不会关注"空手道"的融资者，比如只有商业计划书的幻想家。

## （一）融资对企业发展的作用

融资是现代商业活动中不可或缺的一环，它为企业提供了资金，使其得以扩大规模、实施创新和应对挑战。

### 1.提供资金支持

无论是初创企业还是成熟的企业，都需要资金来购买设备、原材料、支付员工工资以及开展营销等活动。通过融资，企业就能获得额外的资金，填补现有的资金缺口，顺利运营并实现增长。

2.扩大企业规模

企业面临市场机遇时，扩大规模可能是取得成功的关键因素。融到资金，就能提升生产能力、建设新工厂、开拓新市场，以及收购其他公司，进一步提高企业的竞争力，并增加市场份额。

3.实施创新和研发

融资可以为企业提供实施创新和研发活动所需的资金。投入更多的资源和资金，企业就能开发新产品、探索新技术以及改善生产流程，从而让企业保持竞争优势，并满足不断变化的市场需求。

4.应对挑战和风险

融资提供了一种手段，使企业能够应对挑战并承担风险。当企业面临短期现金流问题、新的竞争对手或意外事件时，融资的灵活性和稳定性，有助于企业调整策略、改善运营，并平衡收入与支出之间的差距。

5.吸引人才和合作伙伴

融资可以帮助企业提供更具吸引力的待遇，包括高薪酬、股权激励和职业发展机会，吸引和留住优秀人才，为企业的长期发展打下基础。

综上所述，融资在企业发展和创新中起着至关重要的作用，它不仅可以给企业提供所需的资金支持，促进企业扩大规模，实施创新和研发，还可以帮助企业应对挑战和风险。

**（二）融资，只是为了反超**

通过融资，企业就能在竞争激烈的市场中保持竞争优势，实现可持续发展。因此，合理的融资策略和管理对企业的发展至关重要。但如何才能实现这一目的呢？

第一步，充分了解投资方

（1）充分了解投资机构以及其他参与投资的资本或个人。在这一阶段，创业者需要找到一些能够为企业进行融资的投资机构，并了解每个投资机构的投资方向，以及投资机构的基金规模、主要参与哪些阶段的融资投资，来找到相匹配的投资机构，实现更高效率的融资对接，提升企业融资成功的概率。

（2）充分了解 FA（理财顾问）。FA 能够利用自身的专业融资知识提供一定融资规划服务，也是融资过程中关键的角色，他不仅是一个信息传输的枢纽，更能为创业者提供一些有指导意义的帮助。所以，在融资过程中，如果融资者难以直接或有效地与投资者进行沟通，在寻求融资机会的初期，可以尝试与 FA 进行高频沟通，以便寻求更多的融资机会。

（3）充分了解投资者的投资逻辑。在寻求融资的过程中，要充分了解投资者投资一个创业项目的基本逻辑，了解他们对项目的评估依据和投资方向，并分析这一项目是否是他们青睐的领域。通过这样一种形式，不仅能提升企业在融资过程中的对接效率，也能让创业者对融资流程、投资机构等进行充分的了解，从而提高整个融资效率。

第二步，梳理融资流程

（1）约见投资方的投资经理，促成投资经理、创业者以及合伙人、股东的见面。

（2）如果投资方对你的创业项目产生了一定的兴趣，则会出具投资意向书。

（3）梳理商业计划书的逻辑，重点对项目的核心要点进行梳理，介绍与项目的关联度较高的内容，并做到专业且精简。

（4）梳理创业项目的故事线，包括市场空间、市场机会、解决方案、团队优势以及项目的商业化布局等因素，不仅要向投资者进行表述，还要让投资者在较短的时间内对项目产生兴趣并愿意深入了解。

（5）整理备忘录和相关资料，一方面融资者要根据项目的类型，提前对投资者可能问到的问题进行准备，如项目是如何盈利的、项目如何切中目标市场的需求痛点等；另一方面融资者要提前整理、准备项目相关的数据，包括项目的详细运营数据、现阶段财务数据和后期的财务预测数据等。另外，还要对股权比例和期权池的计划资料进行整理。

# 第三章
# 战略融资者都要拥有
# 马拉松选手思维

# 一、战略融资者都是忍道高手

中国历史悠久，经过多个朝代的更迭，其中，刘邦虽然是一个小小的亭长，却 3 年灭秦，4 年灭项，开 400 年汉朝。

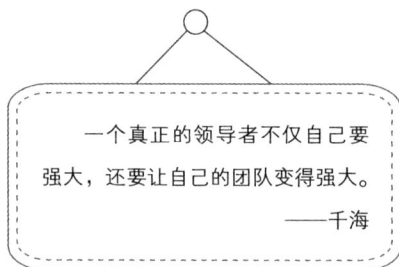

> 一个真正的领导者不仅自己要强大，还要让自己的团队变得强大。
>
> ——千海

公元前 196 年，刘邦御驾亲征，平定了淮南王叛乱。还军途中，路过沛县，刘邦思绪翻滚，感慨万千。他让军队暂停行进，大摆宴席，请父老乡亲聚餐，把酒言欢。

其间，刘邦老泪纵横地唱道："大风起兮云飞扬，威加海内兮归故乡，安得猛士兮守四方。"一曲《大风歌》，唱出了刘邦跌宕而精彩的一生。他凭用人之术，得猛士追随，又靠自我约束，让四方诚服。

刘邦广纳天下英豪，或以智成，或以义致。身处低位，受到凌辱时，他争气不生气；与人争锋，生死相搏时，他翻身不翻脸。

战略融资高手身上有着很多相似的特征，如脚踏实地、科学决策。因为融资要经历一个漫长的过程，非一朝一夕就能完成。在整个过程中，融资者要有清晰的目标，要制定出合理的规划，设定出切实可行的解决方案；其任何决策都要有理有据，不能好大喜功、一时兴起。

说到抖音创始人张一鸣，很多人可能想到的关键词是"技术宅""工作狂""算法大师"，但在真正了解他的人眼里，这些关键词并不足以概括他，如果非要选一个关键词，就是"人性主宰者"。虽然他的产品能让无数人即刻获得眼前的满足，但他自己却极度自律，一直都在强调"延迟满足感"。

2016年，张一鸣接受财经专访，在他的回答中，"延迟满足感"五个字出现了10次，虽然他并没有系统描述过自己的"延迟满足感"具体是什么。

张一鸣自诩为理性派，他曾反复表示睡觉是一件特别无聊的事情，但与此同时，为了获得最佳状态，他每天都会保证7个小时的睡眠。

一些跟他共事多年的同事会在私底下说，他似乎有点"缺乏情趣"。但更多时候，张一鸣身上类似于"机器人"般的理性和克制，让大家感受到了精英与普通人之间的差别到底有多大。

其实，张一鸣并不是一位典型的创业者。他不善言辞，也不喜欢冒险，更喜用坐标和矩阵的数学思维来讲述事物之间的联系。准确地说，他更像是一位"极客"。

"忍道"高手都有自己的节奏，不会被别人"带节奏"，不会胡乱抢跑。

在运作企业的时候，战略融资高手一般都不会期望得到别人的理解，而是软硬两手抓，一路干到底。

在融资的路上，付出了怎样的代价，付出了怎样的努力，忍受了多少别人不能忍受的憋闷、痛苦，甚至是屈辱，这些经历只有融过资的人最清楚！

对一般人来说，忍耐是一种美德，对融资者来说，忍耐是必须具备的品格。

老话说"嚼得菜根，百事可做"。对于融资者来说，肉体上的折磨算不得什么，精神上的折磨才是致命的，如果打算融资，一定要先在心里问一问自己：面对从肉体到精神的全面折磨，你有没有宠辱不惊的"定力"与"精神力"？如果没有，一定要小心，因为对有些人来说，一辈子给别人打工，是更合适的选择。

# 二、资本为何喜欢长途奔袭

公司的价值关键在老板，老板的格局和临事态度决定着投融资的成败。

融资者的性格，最忌讳的是左右摇摆。

资本都喜欢长途奔袭，因为由宏观到微观，由大的方面到小的方面，只有看懂、弄清，通过全方位的考察和判断，才能进行接下来的工作，否则投资考察工作只能停止或放弃。

1. 看准团队

投资就是投人、投团队。投资这件事，其实比工作更简单，投资者什么都不用做，只要找对人、找对团队把钱给他就行。

2. 发掘优势

不仅要不断考察，还要在优势行业中发掘或努力寻找优势企业。优势行业是指具有广阔发展前景、国家政策支持、市场成长空间巨大的行业。而优势企业是指在优势行业中具有核心竞争力、细分行业排名靠前的企业，其核心业务或主营业务突出、核心竞争力突出、可以超越其他竞争者。

3. 弄清模式

通过考察，还要搞明白目标企业是如何挣钱的，即弄明白三种模式：

（1）业务模式。即企业提供什么产品或服务，业务流程如何实现，包括业务逻辑是否可行，技术是否可行，是否符合消费者的心理和使用习惯，企业的人力、资金、资源是否足以支持。

（2）盈利模式。即企业如何挣钱，通过什么手段或环节挣钱。

（3）营销模式。指的是企业如何推广自己的产品或服务以及其销售渠道、销售激励机制等。

**4. 查看指标**

这里的指标主要指营业收入、营业利润、毛利率和增长率。投资的重要目标是让目标企业尽快改制上市，往往要关注目标企业近3年的财务数据，其中前两个指标尤为重要。而后两个指标反映了企业的盈利能力、抗风险能力和成长性，如高增长率可以迅速降低投资成本，让投资者获取更高的投资回报。把握了这四个指标，也就基本把握了项目的可投资性。

**5. 厘清结构**

厘清以下五个结构，投资者就能判断出企业的好坏优劣。

表3-1　资本结构说明

| 结构 | 说明 |
| --- | --- |
| 股权结构 | 主次分明、合理，有一个核心 |
| 高管结构 | 结构合理，优势互补，团结协作，专业背景、工作经历互补 |
| 业务结构 | 主营突出，能不断研发新产品 |
| 客户结构 | 有几个重点大客户，有其他的小客户做梯队，客户都具备付清货款的能力 |
| 供应商结构 | 既不太分散又不太集中，可以保证质量、交期和价格 |

**6. 多方考察**

通过多方考察，进一步了解目标企业，因为只要一个层面存在关键性问题，就可能影响企业的改制上市。当然，如果企业存在一些细小瑕疵，要积极予以规范。

（1）历史合规。目标企业的历史沿革合法合规，在注册验资、股权变更等方面不存在重大历史瑕疵。

（2）财务规范。财务制度健全，会计标准合规，不做假账。

（3）依法纳税。没有逃税漏税等情况。

（4）产权清晰。企业产权清晰到位（含专利、商标、房产等），不存在纠纷。

（5）劳动合规。严格执行劳动法规，与员工都签订了劳动合同。

（6）环保合规。安全生产、环保达标，不存在被搬迁、处罚等隐患。

7. 扩大关注点

关注目标企业的细小环节，如果存在问题，可以进行规范和引导，以提高目标企业的经营管理水平。

（1）制度汇编。查看企业的制度汇编，能迅速认识企业的管理规范程度。

（2）例会制度。询问企业的例会情况，如含总经理办公周例会、董事会例会、股东会例会等，了解企业管理层与股东之间的关系。

（3）企业文化。关注企业文化，借以了解企业是否具有凝聚力和亲和力，是否能长远发展。

（4）战略规划。了解企业战略规划，知道企业的发展有无明确目标，是否符合行业发展的方向。

（5）人力资源。了解员工的培训、激励和使用，能否充分调动员工的积极性和能动性，提高企业的综合竞争力。

（6）公共关系。企业是否具备社会意识、责任意识，是否重视企业的对外形象。

（7）激励机制。建立一个可以激励员工、提升团队的机制，并将其持续做强做大。

### 8. 分析数据

通过分析以下八项数据，对目标企业进行深度判断。

表3-2　企业数据分析说明

| 数据 | 说明 | 公式 |
|---|---|---|
| 资产周转率 | 多少资产创造多少销售收入，企业是资本密集型还是轻资产型。该项指标反映了资产总额的周转速度，周转越快，销售能力就越强，企业就可以通过薄利多销的办法，加速资产的周转，带来利润绝对数的增加 | 总资产周转率=销售收入÷总资产 |
| 资产负债率 | 反映了总资产中有多大比例是通过借债筹集的，不仅可以衡量企业在清算时保护债权人利益的程度，也能体现企业的资本结构是否合理 | 资产负债率=负债总额÷资产总额 |
| 流动比率 | 流动比率反映了企业的短期偿债能力，是最容易变现的资产，流动资产越多，流动负债越少，短期偿债能力越强 | 流动比率=流动资产÷流动负债 |
| 应收账款周转天数 | 该数据反映了应收账款的周转速度，是一年内应收账款转为现金的平均次数，是从企业取得应收账款的权利到收回款项转换为现金的时间 | 应收账款周转率=赊销收入净额÷应收账款平均余额<br>应收账款周转天数=360÷应收账款周转率 |
| 销售毛利率 | 每一元销售收入扣除销售产品的成本后，多少钱可以用于期间费用和形成利润，若毛利率不够大，企业便很难盈利 | 销售毛利率=(销售收入-销售成本)÷销售收入 |
| 净值报酬率 | 净利润与所有者权益的百分比，反映了股本的收益水平 | 净值报酬率=净利润÷平均股东权益 |

续表

| 数据 | 说明 | 公式 |
|---|---|---|
| 经营活动净现金流 | 指的是企业在一个会计年度经营活动产生的现金流入与经营活动产生的现金流出的差额，体现了经营活动产生现金的能力。一般来说，企业财务状况越好，净现金流量就越多，所需资金就越少。企业经营净现金流量为负，就需筹集更多的资金来满足生产经营所需，否则就无法继续正常经营 | 无 |
| 市场占有率 | 指的是企业的产品在市场上所占的份额，反映了企业对市场的控制能力，由企业的产品力、营销力和形象力共同决定。当企业获得市场25%的份额时，一般就认为控制了市场 | 无 |

9. 走好程序

对不同的目标企业所采取的程序虽有不同，但以下九个程序是要坚持履行的。

（1）收集资料。通过多种形式收集企业资料。

（2）高管面谈。高管面谈是融资过程中的一个非常重要的环节，可以让投资者较快地得出对目标企业业务发展、团队素质的印象。因为第一感觉很重要，也比较可靠。

（3）企业考察。对企业的经营、研发、生产、管理、资源进行实地考察；对高管以下的员工进行随机或不经意的访谈，来更深入更全面地了解目标企业的情况。

（4）竞争调查。梳理清楚该市场的竞争格局及其竞争对手的情况，了解各自优势劣势。

（5）供应商走访。了解企业的采购量和信誉，判断企业声誉、真实产量，能从侧面了解行业竞争格局。

（6）客户走访。通过客户走访，了解企业产品质量和受欢迎程度、企业真实销售情况和竞争对手的情况；判断企业的市场地位、市场需求潜力以及持续供应的可能性。

（7）协会走访。要了解企业在行业中的地位和声誉，也要了解该行业的发展态势。

（8）政府走访。了解政府对该企业和所处行业的支持程度。

（9）券商咨询。针对上市可行性和上市时间咨询券商，对判断企业成熟度有重要作用。

10. 做好报告

《尽职调查报告》是业务的基本功，是对前期工作的总结，是最终的决策依据，其主要内容应至少包括以下十个方面。

（1）企业历史沿革。比如：股权变动情况、重大历史事件等。

（2）企业产品与技术。比如：公司业务情况、技术来源。

（3）行业分析。比如：行业概况、行业机会与威胁、竞争对手分析。

（4）优势和不足。比如：有哪些优势、核心竞争力；存在哪些不足或缺陷，有无解决或改进的办法。

（5）发展规划。比如：企业的近期、中期的发展规划和长期发展战略，以及可实现性。

（6）股权结构。比如：股权结构情况的合理性分析。

（7）高管结构。比如：高管和技术人员的背景、优势、劣势等的分析。

（8）财务分析。比如：近年各项财务数据或指标情况的分析。

（9）融资计划。比如：近期融资计划、融资条件和实现可能性。

（10）投资意见。比如：对项目的总体意见或建议。

# 三、长期主义和先胜不算胜的哲学思维

桃李不言，下自成蹊。长期价值才是企业之本，价值都是慢慢形成的，其暴涨的前提是长久的蛰伏。

孙子说过一段非常精彩的话："昔之善战者，先为不可胜，以待敌之可胜。不可胜在己，可胜在敌。故善战者，能为不可胜，不能使敌之必可胜。故曰：胜可知，而不可为。不可胜者，守也；可胜者，攻也。守则不足，攻则有余。善守者，藏于九地之下；善攻者，动于九天之上。故能自保而全胜也。"大意是：过去战争的高手，总是先保证自己不被对手打败，然后再等待战胜对手的机会。不被打败的主动权掌握在自己手里，能否打败对手则要取决于对手是否有机可乘。因此，真正的高手，能够做到的是不被对手打败，而不能保证打败对手。

可见，胜利可以预见，但不能强求。没有取胜的可能时，就应该防守；如果有可能战胜对手，就要果断进攻。防守是因为优势不足，进攻是因为兵力有余。善于防守的人，会隐藏自己的实力；善于进攻的人，则会展开自己的攻击如同神兵从天而降。这样，既能保全自己，又能取得全面的胜利。

也就是说，真正的高手，不是先想着如何去赢，而是要先保证自己不会输，再伺机而动，等待对手犯错的机会。输不输靠自己，赢不赢看对手，但将胜利的希望寄托于对手犯错，是不对的；真正可靠的只有一条，即"修道而保法"，把自己的基本面做好，只有打造出牢固的根基，才能立于不败之地。否则，一旦遇到真正的对手，就会一败涂地。

战略融资者不应有稳赢的思维，凡是有门槛的事情，其成功都需要经过漫长时间的积累，真正的战略融资者都追求长期制胜的总目标。

2024年1月，牛肉饭连锁品牌"牛大吉"宣布完成8200万B1轮融资，春涧资本领投，深熊资本跟投，本轮融资主要用于产业供应链建设，以支持全国范围的全面扩张。

牛大吉成立于2019年9月，总部位于深圳，是一家专注于牛肉饭的中式快餐品牌，已推出现炒黄牛肉、五彩时蔬牛肉饭、水煮牛肉、牛腩煲、牛三鲜等20个产品。

其实，牛大吉最初定位是一家致力于为城市社区居民提供鲜牛肉、鲜牛肉熟食饭菜、鲜牛肉制作零食等产品的社区连锁新零售品牌，但自2023 年开始，由综合类的牛肉工坊转变为主打牛肉饭品类的餐饮品牌。

过去的生意模式虽然得到了验证，但面对严峻的外部大环境，多模块的重门店模型已经不利于市场开拓，而在此前的经营过程中，牛肉饭的经营数据表现最为亮眼，且模式较轻，于是公司对店型进行简化，只聚焦于牛肉饭这一模块，然后花了大半年时间，来设计和打磨牛肉饭店型。

基于过去供应链的深耕和标准化能力的建设，牛大吉的经营效率高于市场上大多数类似的餐饮店。另外，牛肉饭不像传统餐饮依赖现场制作，完全可以通过中央厨房实现产品的标准化，这样在成本方面也形成了价格优势，虽然定价约低于行业 10 元，但品质和体验没有受到影响。

与过去多模态店型相比，如今的牛大吉经营管理模式变得更加简单可控，只要做好快餐消费一条动线即可，不用像过去那样既思考生鲜动线的维度，又考虑基础餐饮维度。

从复杂到简单、从重到轻的改变，让牛大吉的收益有了很大提升，现在牛大吉利润可以达到 70%。而现在的形态也为品牌规模化扩张提供了支撑，在南京、青岛、广州、成都等地都确定了代理商，全面开启全国化。

饭是中国餐饮的最大品类。牛大吉牛肉饭通过不断追求高性价比的产品与美好的用餐体验，保持了中国牛肉饭第一的卡位。团队与合作伙伴采用用户多赢的交易结构，通过0加盟费、全数字化的运营体系、对食品安全的严格把控、尊重用户的声音进行快速迭代，都是创始人追求长远利益的价值观体现。

什么是长期主义？长期主义就是把时间和信念投入能够长期产生价值的事情中，尽力学习最有效率的思维方式和行为标准，遵循第一原理，永远探求真理。长期主义不仅是投资者应该遵循的内心法则，还应成为看待这个世界的绝佳视角。

长期主义理念可以分为三个层次：

第一层，坚持初心

做事情是为了短期目标，还是从自己的初心出发，去完成崇高的使命和夙愿，要在短期利润和自身使命、长期价值之间，做出符合企业价值观的选择。

第二层，保持进化

世界唯一不变的是变化，现有的优势都是可以被颠覆的，技术创新也都是有周期的。因此，长期主义者会不断地设想："核心竞争力是什么？每天所做的工作是在增加核心竞争力，还是在消耗核心竞争力？"

字节跳动的张一鸣对保持进化也有独到的见解，他喜欢调适自己，将自己的状态调节在轻度喜悦和轻度沮丧之间，追求极致的理性和冷静。在此基础上，为了长远的战略目标强迫自己学习许多东西。这种进化状态，是先把最终的目标推得很远，去想最终的事情可以推演到多大，再反过来要求自己，不断训练和进步。

把眼光局限在未来 3~5 年或盯着具体的某个业务，那么身边的许多人都是竞争对手。但着眼长远、不断进化，竞争的人就会变少，因为不是所有人都会做长远打算。

第三层，没有"终局"

商业世界的"终局"不是一个终点，而是持续开始的起点，是一场"有无数终局的游戏"。换句话说，商业史上从来没有真正的终局，只有"以终为始"，站得更高，看得更远。

对于融资者也是一样。融资者的知识、能力和价值观，是深藏于内心，并真正属于自己的"三把火"。未来的世界将不再需要单一的技能型融资者，而是需要具备完善的知识结构、极强的逻辑思考力和高感知力的复合型人才，因此融资者要成为终身学习者。

总之，长期主义理念，对于投资而言就是不看短期利润，甚至不看短期收入，不把挣钱当作唯一重要的事，而是把价值观放在利润的前面。其中，要坚信价值观是企业真正核心的东西，利润只是做正确的事情后自然而然产生的结果。

# 四、一流战略融资者总是将硬仗打到底

俗话说："三分战略，七分执行。"战略制定后，就要坚决执行。

刘备就是在采纳了诸葛亮"隆中对"的战略后，基本上按照此构思稳扎稳打，才开创了三分天下的局面。他先联孙抗曹，在赤壁败曹操；又虚与委蛇，占据荆州；之后进入西川，获取了益州；最终攻打曹操，占领了汉中。

可以说，在刘备成为汉中王之前，诸葛亮的战略基本上得到了全面执行。而在关羽失荆州、刘备兵败夷陵后，诸葛亮"隆中对"的战略基本破产了。没了荆州这个军事重镇，诸葛亮就根据当时的形势，对战略做了调整。

当时，蜀汉经过荆州之失和夷陵之败，已经损耗了很大的国力，是三国中最弱的一方。鉴于形势，诸葛亮在战略上做出调整，多次出兵北伐，名为北伐，实为自保。

在发展过程中，很多企业为什么制定了战略却拿不到结果？关键就在于得不到执行。

执行不到位，战略就实现不了。真正好的战略，不是定出来的，是一场硬仗接一场硬仗打出来的。纵观整个企业界，许多企业从创业到做强做大，无不是打了一场又一场硬仗、过五关斩六将才杀出重围的。

余承东1993年加入华为技术有限公司，之后历任3G产品总监、无线产品行销副总裁、无线产品线总裁、欧洲区总裁、战略与市场体系总裁等职务，他总能做到看似不可能发生的事。

作为华为董事会的核心成员，余承东有两副面孔。对内，他是众人皆知的"余疯子"，因为他经常会提出一些疯狂的想法，创始人任正非这样评论他："余疯子，越骂越疯。"对外，他是有人喜欢有人烦的"余大嘴"，因为他太爱吹牛与夸大其词。其中，最著名的是他曾在一场发布会里连续使用了六个"遥遥领先"来形容华为产品。也是因此，"遥遥领先"和"余大嘴"成了余承东身上的显著标签。

余承东知道要优先选择什么。2012年，华为发布了Ascend智能手机系列产品，开始竞逐中高端手机市场。2013年，余承东确定了走"精品"路线，尽管遭遇了内部极大的阻力，他还是毅然砍掉了70%的低端贴牌机。虽然这一选择在短期内导致华为终端的整体发货量增长放缓，但大幅提升了长期的盈利能力。

只有做出战略性选择，才能不为外界指令所累，掌握主动权。这个道理并不只针对大是大非，对所有小事也适用。华为对主将的要求是：正职必须敢于进攻，文质彬彬、温良恭俭让、事无巨细、眉毛胡子一把抓，且越抓越细的人是不适合做正职的。要懂得放弃，虽然这个道理很简单，但多数人却做不到。

余承东显然是符合这一要求的。

余承东当时面临的竞争有多激烈？欧洲是 GSM、3G 技术发源地，有阿尔卡特、爱立信、西门子、诺基亚等四家电信设备巨头虎踞龙盘，竞争对手像大山一样，压得华为喘不过气来。但余承东还是从这样的境地中寻找到了突破口，他关注创新和质量，给公司提供了叩开欧洲市场大门的机会。

当时的基站，比冰箱体积还大，有的甚至连电梯都装不下，需要动用直升机来安装，这极大地增加了成本。为了解决这个问题，余承东想到了分布式基站，基站室内部分做的像分体式空调一样，体积只有 DVD 大小，然后把大部分的功能抛到室外去。这一发明，让华为抓住了缝隙市场，于 2007 年在行业内获得了不错的位置，靠分布式基站陆续斩获大单。

当时世界的电信老大是爱立信。余承东决定用与爱立信完全不同的架构，去做革命性的产品升级换代。当时几乎所有人都在质疑余承东的决定，他权衡再三，最后拍板："必须做！不做就永远超不过爱立信。"他决心背水一战。2008 年，华为第四代基站研发成功，一问世便震惊业界：技术上的优势非常明显。当时的基站要插板，爱立信插 12 块板，华为只需插 3 块。这次技术突破，一举奠定了华为在无线技术方面的优势地位。

余承东自 1993 年加入华为，从最初的交换机技术员做起，先带领华为在无线通信领域打开国际市场，然后帮助华为拿下千亿级的智能手机业务，如今又在汽车板块被委以重任，在他身上的确有太多值得骄傲的资本。如果说任正非是一个坐镇军中的帅才，那余承东就是一员敢闯敢拼的猛将，在打胜仗方面，将帅要结合，缺一不可。

在华为从弱变强的历史进程中，我们既能看到任总运筹帷幄、统揽全局的领导魅力，也能看到余承东一马当先、冲锋陷阵的执行魄力。余承东就是典型的战略融资者。

战术千万条，敢打第一条，军人必须随时做好打硬仗、恶仗的准备，融资者也一样。经营企业就像经营人生，在有限的生命周期里，很难一路顺利。周期性的动荡从来都是历史的基本特征，只有优秀的战略融资者才能在逆境甚至绝境中，咬着牙等到胜利。

所谓硬仗，是指那些重要的、有相当难度的关键行动举措，是支撑业绩目标实现的保障，是企业将战略目标转化为具体战役的关键落脚点，也是企业实现战略突围、奠定竞争格局的必经之路。过去那种相对稳定、舒适的时代已经一去不复返，融资者必须接受环境变化的现实，接受恶劣环境的大考，完成企业的脱胎换骨。

# 五、战略融资者没有心结

伟大的战略融资者，为何能够将事业做到极致？多数表面上看起来非常成功的战略融资者，背后都经历过常人难以想象的磨难。

2004 年，美国宾夕法尼亚大学心理学系副教授安杰拉·达克沃思（Angela Duckworth）通过研究指出，个人成功的核心要素，既不是智商，也不是情商，更不是家境，以及所谓的考试成绩，而是坚韧不拔的心理韧性。

曼德拉曾经说过，生命最大的荣耀不是从来没有失败，而是每次失败后能不断奋起。达尔文在进化论中指出，一个物种之所以能够生存下来，不一定是因为这个物种是最强大的或最聪明的，而是因为这个物种是最能适应环境变化的。

其实，这两位提到的共同点就是"心理韧性"。

成功的融资者其实都是磨炼出来的，他们都具备坚韧不拔的精神。

企业圈子里成大事者主要看心力和体力，然后是脑力。真正的企业家比拼的就是心力，需要熬出来、忍出来。

年轻的时候我们拼的是体力，中年我们拼的是脑力，但真正能够走到最后的人，拼的一定是心力，也就是心理韧性。

心理韧性是一种个人的性格特征，是一种积极的品质，很大程度上能决定一个人如何面对挑战、处理压力。换言之，心理韧性就是从逆境、矛盾、失败中恢复常态的能力。

**（一）高心理韧性者拥有什么样的特质**

1. 保持开朗的、积极向上的认知

高心理韧性者会对自己的未来怀抱希望，用开朗的态度积极采取行动，从正面向困难发起挑战。

无论面对的是什么，高心理韧性者都坚持正确的观念，不会从坏的、负向的方面去理解，而是从正的、积极的方面去接受和应对。无论发生什么事情，他们都能保持开朗的情绪，持续不懈地努力。因为他们知道，无论遭遇多么困难的状况，只要以开朗的态度积极努力，就一定能克服。

2. 强烈而持久的愿力

能力和努力程度几乎相同的人，有的成功了，有的却失败了，他们的区别在哪里？有些人会说，那是因为运气，但高心理韧性者却认为，在于他们所持的愿望在高度、深度、强度、大小程度上存在差异。

遇到问题时，大部分人都是用头脑思考一下，然后断言"这很难啊，不大可能成功"。一味顺从这种"常识性"的判断，"可能"也会变成"不可能"；而为了解决问题，高心理韧性者则会抱有"强烈的愿望"，将不可能变为可能，坚信目标一定能实现并付出不懈的努力，朝着目标奋勇前进。

**（二）融资者如何提升心理韧性**

1. 提升自我效能感

自我效能感强，就能够承受住各种压力、挫折和打击，要把各种压力、挫折和打击当作提升自己的机遇，而不是被它们打倒。因此，融资者要想提升效能感，就需做到：

首先，遇到问题时，把自己的心态调适为乐观。也就是说，开始时要具备"无论怎么样都必须成功"的愿望和热情，保持乐观的、积极向上的态度。即使才智一般，只要能乐观开朗地思考，就能形成一种激励自我的力量。

其次，在乐观心态的基础上，周密地推敲愿望实现的具体方法，预先在头脑里进行模拟演练。通过思考推敲、反反复复、孜孜不倦，通向成功的道路就会变得清晰，就仿佛你已经走过一遍。这一系列的思考就是通过与大脑的紧密合作来提升自我效能感，进而获得更强的心理韧性。

2. 培养成长型思维

具有成长型思维的人，相信人可以通过投入热情、教育、努力和坚持来发展自己的品质才能，相信每个人都能够通过实践和体验得到改变和成长。

成长型思维的本质，是相信能力可以通过持续磨炼得到成长。在融资过程中能够实现新目标的人，都是相信自己拥有无限可能性的融资者。仅以现有的能力判断"行或不行"，根本就不可能挑战新事物，不可能完成困难的工作。

成长型思维的人会始终相信自己，"我应该能行""只要好好努力，我应该能搞定"。他们不会以当前的能力来评价自己，因为那样就太妄自菲薄了。因此，融资者要始终相信自己拥有无限的可能性，鼓足勇气，发起挑战，以这种思维驱动自己成长，拥抱新变化，并在遇到困难时不退缩放弃，奋力迎战、坚持到底。

3. 把苦难当作考验

艰难困苦正是机会，因为苦难能够教育人，促进人的成长。相反，一帆风顺时人往往容易犯错误。比如，有不少获得巨大成功的融资者，他们为成功的美酒所陶醉，以至于晚节不保，辛苦创建的企业走向衰败。

遭遇失败和苦难的时候，融资者不应牢骚满腹，不应怨天尤人，要忍受考验，坚持努力，一点点积累，然而才可能将逆境转化为顺境。在成功和幸运的时候，要抱着真诚的感恩之心，坚持努力，使成功得以长期持续。记住，得意时不忘形，失意时不消沉，每天勤奋工作，比什么都重要。

4. 坚守信念

在融资中取得卓越成就的人，都是把崇高的理想作为信念、击破一切壁障的人。他们把障碍看作考验，与困难正面对峙，迎难而上，高举信念的大旗，奋勇前进；不管面对多么大的困难，他们都抱有信念，激励自我，坚持到底。信念能够给人莫大的勇气，融资者一旦有了信念，就能有更强的心理韧性去面对困难和挫折。

5.情绪调控

融资难免有失败的时候，但这时候绝不能深陷心情郁闷的泥淖。所谓"覆水难收"，泼出去的水就难以收回，没必要后悔，这时应该对失败的原因进行分析，诚恳反省，接下来就要把这事忘掉。融资，总会充满痛苦和烦恼，不可能时时顺心；充分反省后，就要朝着新的目标，积极开朗地采取行动。

6.时常静心

在纷纷扰扰的社会中，被时间追着跑的我们，只能在一天天忙碌中度过，根本来不及思考人生的意义。要想提高心理韧性，就要静下心来，哪怕每天抽出一点点时间，观察自己，审视人生，让日益浮躁的心安定下来。在这个过程中，你将会获得前所未有的轻松，心理韧性也会得到增强。

第二部分
# 生态融资和值钱企业的本质

# 第四章
## 融资者在生态里求生存

# 一、中小企业及大企业的融资特点

## （一）中小企业及其不同发展阶段的融资特点

对于中小企业来说，融资是非常重要的，一旦融资不成功，就可能给企业的发展带来巨大的阻碍。

1. 中小企业的融资特点

如今，创业热情高涨，很多人都成立了自己的企业，需要融资。那么，与大企业相比，中小企业具备哪些融资特点呢？

> 投资生态化是中国资本市场最大的趋势，未来市场上的大多数融资都将是生态型融资。
>
> ——千海

（1）中小企业尤其是小企业选择融资渠道时，更多地依赖内源融资。

（2）选择融资方式时，中小企业更加依赖债务融资，在债务融资中又主要依赖来自银行等金融中介机构的贷款。

（3）中小企业的债务融资规模小、频率高，更加依赖流动性强的短期贷款。

（4）中小企业更加依赖企业之间的商业信用、设备租赁等来自非金融机构的融资渠道以及民间的非正规融资渠道。

2. 中小企业不同发展阶段的融资特点

我国中小企业的发展通常会经历"创业阶段——成长阶段——成熟阶段"等周期，在不同发展阶段，中小企业的融资特点也会有所不同。

表4-1　中小企业不同阶段的融资特点

| 不同阶段 | 特点 |
| --- | --- |
| 创业阶段 | 资金主要用于开拓市场，形成生产能力，因此既需要固定资金，也需要流动资金，且需要的资金多，但无经营记录，很难从银行取得贷款，资金主要源于自有资金和风险投资、政府财政投资、担保贷款 |
| 成长阶段 | 企业具备了批量生产能力，规模不断扩大，经营走上正轨，业绩日益提升，品牌形象进一步稳固，企业有了更多的融资自由，可以采用较多的融资形式，如吸收直接投资，利用银行借款，利用融资租赁、商业信用等 |
| 成熟阶段 | 企业具备一定的生产、销售规模，财务状况良好，内部管理日趋完善，社会信用程度不断提高，具备较强的融资能力，既可以从商业银行筹集大笔信贷资金，还可以通过在证券市场发行股票或债券等形式融资 |

总之，中小企业由于资产规模小、经营不确定性大、财务管理不规范、信息不透明、社会信用偏低、承受外部经济冲击和抵御风险能力弱、自身灵活性高等，融资更加依赖内源融资和债务融资，对资金的需求有这样几个特点：规模小、频率高、流动性强，更多利用非正规渠道融资。

**（二）大企业的融资特点**

大企业以自身业务为引领，可以带动包括各类与企业业务相关的中小企业在内的供应链、产业链集群的生态化和专业化发展，打造出覆盖产学研的经济网络，来加强大中小企业的创新能力、生产能力、市场能力的有效对接，从而推动资源能力的融合互补，提升产业协同效率，形成线下集群和线上生态。

大企业融资方式主要有：

1. 银行贷款

银行是大企业最主要的融资渠道。按资金性质，可以分为流动资金贷款、固定资产贷款和专项贷款三类。专项贷款通常有特定的用途，贷款利率一般比较优惠，贷款分为信用贷款、担保贷款和票据贴现。

2. 股票筹资

股票具有永久性，无到期日，不须归还，没有还本付息的压力等特点，筹资风险较小。股票市场，不仅可以促进企业转换经营机制，成为自主经营、自负盈亏、自我发展、自我约束的法人实体和市场竞争主体，还为资产重组提供了广阔的舞台，优化企业组织结构，提高企业的整合能力。

3. 债券融资

企业债券，也称公司债券，是企业依照法定程序发行、约定在一定期限内还本付息的有价证券，代表了发债企业和投资者之间是债权债务关系。债券持有者不会参与企业的经营管理，但有权按期收回约定的本息。企业破产清算时，债权人优先于股东享有对企业剩余财产的索取权。企业债券与股票一样，同属有价证券，可以自由转让。

4. 海外融资

企业可供利用的海外融资方式包括国际商业银行贷款、国际金融机构贷款和企业在海外各主要资本市场上的债券、股票融资业务。

# 二、生态化融资并非坏事

投资生态化是中国资本市场最大的趋势，未来市场上的大多数融资都将是生态型融资。

接受了投资，也就接受了生态规则的捆绑，生态融资者进入生态后，就能了解所有生态圈内的运作结构，并找到战略机会，在生态里从侧链转变为主导产业。

2022 年 8 月 2 日，阿维塔科技宣布完成 A 轮融资，由国家绿色发展基金股份有限公司领投，招商金台、国投聚力、韦尔股份旗下韦豪创芯（联合体）、中信新未来等多家投资机构跟投。此外，阿维塔科技现有股东长安汽车和南方资产等也进一步追加投资。长安汽车和宁德时代仍是阿维塔科技的第一、第二大股东。

在这一轮投资的股东中，阿维塔科技将与其就销售网络支持、芯片保供和视觉图像感知、智能座舱开发等签署长期战略合作协议。目前，其正通过融资来捆绑未来的核心部件商，不断调整零部件和整车的合作关系。

前些年，车企与重要零部件企业都是以合资公司的模式运行，如上汽等公司和宁德时代建成了合资公司。随着电池的日益重要，不少电池企业作为新势力的股东出现，或车企开始入股电池等零部件企业，如大众、奔驰等都在中国入股了核心的电池企业。宁德时代上市后不久，多家车企入股该企业。此外，华为还开创了另一种零部件和主机厂商的模式，这是一种强势零部件直接外包的模式。

阿维塔在发展过程中，希望实现一种由传统车企长安汽车、互联网巨头华为和动力电池龙头宁德时代共同打造的新模式，三方分别在整车研发制造、智能汽车解决方案和智慧能源生态领域为阿维塔赋能，合力打造 CHN 智能电动汽车技术平台，具备"新架构、强计算、高压充电"三大特征。

近年来，在新能源汽车产品上，核心的三电产品、芯片、自动驾驶软件、智能座舱等重要性日益突出，尤其是芯片危机和电池价格的暴涨使得车企开始寻求新的合作方式。

国家级投资基金首次领投新能源整车项目，是对阿维塔科技快速发展的充分肯定。此轮地方财政资金和知名产业的资本加持，不仅为阿维塔提供了更加稳定的资金，还进一步丰富了产业链资源，让阿维塔科技的战略合作生态和资本结构变得更加多元。

本轮增资将用于阿维塔未来产品的研发设计、市场品牌发展和渠道建设。长安汽车参与本次增资，不仅有助于阿维塔科技在资本和资源上的整合，也将助力长安汽车品牌进一步向上。

阿维塔通过进入电动汽车生态圈，轻松完成了多轮融资，实现了快速发展，渐渐演变为这一领域的头部企业。可见企业进入生态是让其快速获得融资、实现大发展的一条路径。

# 三、企业融资有哪些方式

曾有人说，企业一定要在很赚钱的时候去赚钱，而不是等到需要钱的时候去融资，否则，在出现问题时就麻烦了。

融资企业可通过债务融资与权益融资来达到融资目的。采取不同的融资方式，对其经营产生的影响也不一样。比如，企业采取债务融资类型，债权人通常不会参与到企业的营业决策中，按期还款付息是债权人对企业的基本要求；而权益融资通常是以企业股权换取相应资金，投资者有权参与到决策中。

## （一）债务融资

中小企业最常见的融资方式是债务融资，因为在一般情况下，债务融资的融资成本不高，适合经营风险较小，并且与之相应的预期收益也不大的传统企业。债务融资能够给企业带来杠杆收益，但也有不足，除了需要偿还融资本金以外，还要支付相应利息，企业的负债率可能因此提高。

1. 债务融资的定义和特点

为了满足未来经营发展的需要，企业通过银行机构、非银行金融机构或者自行发行债券等方式获得的资金，统称为债务融资。债务融资具备四个特点：

（1）时间性。通过债务融资所筹集的资金受时间限制，需要在规定期间内偿还。

（2）可逆性。通过债务融资所筹集的资金可提前规避偿还风险。

（3）压力性。通过债务融资所筹集的资金，需要偿还的利息会形成企业的固定负担。

（4）流通性。通过债务融资所筹集的资金可以转让。

2. 债务融资的主要方式

根据企业现有的融资渠道进行分析，可以发现债务融资主要有以下三种方式。

（1）银行贷款融资。银行贷款融资是企业最常用的一种债务融资方式。以贷款方式作为划分依据，银行贷款融资方式有三种。

①信用贷款。这一借款方式主要是凭借企业的信用而进行，企业不

需要额外提供担保就可以获得贷款。但是，对于银行机构而言，这种贷款方式没有任何的现实保证，能否收回本金只能依靠企业的信用承诺。

②担保贷款。担保方式可以是人，也可以是物。也就是说，企业可以邀请信用较好的人作为担保人，凭借其信用承诺而获取贷款。这种情况之下，如果企业还不上钱，那么担保人就要帮助企业偿还贷款。另外，企业也可以以一定的财产作为抵押，当无法偿还贷款时，抵押物将归银行所有。

③贴现贷款。如果企业急需资金，可以将还没有到期的票据出让给银行，从而获得资金。

对于实力雄厚、现金流稳定的企业而言，通过银行贷款获得融资的难度并不大。但是，对于初创企业而言，银行贷款相对来说则门槛较高。为了保证资金安全，银行往往会严格评估初创企业的总体状况。除此之外，即便初创企业有非常强劲的发展潜力，但由于其经营风险较高，银行也不愿意冒险。基于这一情况，银行还会要求初创企业提供抵押或担保，发放额度也不一定能够满足初创企业的需求。另外，银行还有可能会监督资金的使用，让初创企业感到掣肘。

（2）民间借贷。创业者要理性看待企业借贷融资。"借贷"二字往往容易引起恐慌，且不少创业者认为其会让企业经营遇到困难。事实并非如此，合理的借贷能给企业创造大量利润。随着银行储蓄利率的下调，民间借贷开始活跃。许多人将资金转借给初创企业帮助其发展，而获得比银行利息更高的收益。

从法律层面而言，"民间借贷是指自然人之间、自然人与法人或其他组织之间，一方将一定数量的金钱转移给另一方，另一方到期返还借款并按约定支付利息的民事行为。"从定义上来看，民间借贷的资金基本来自个人所富余的资金，因而民间借贷具备了以下两个特征：一是自由性，二是广泛性。同时，民间借贷可通过两种方式来实现：第一种是信用借贷，可通过口头协议、签订借条来实现；第二种是担保借贷，可以通过抵押部分财产或者第三方作为担保人而实现。

民间借贷手续灵活，利率可以通过双方进行协商，执行起来较为方便。因此，民间借贷可以有效缓解初创企业短期所需的资金问题。但是，从另外一个角度而言，由于其不够规范等原因，导致借贷风险较大。一旦出现问题，很容易形成纠纷，给双方造成损失。

（3）发行债券融资。发行债券融资是由企业在市场上直接进行，并且企业的资信能够在一定程度上影响最后的融资结果。而在不同的债券种类中，政府债券的资信度通常最高，大企业、大金融机构也具有较高的资信度，而中小企业的资信度一般较差。

总而言之，对于中小企业而言，债务融资仍然存在较多的不利因素。为此，债务融资还需要不断进步与完善，从而促进中小企业的发展。

**（二）权益融资**

如今企业面临的内外环境日趋复杂，企业之间的竞争日益激烈，市场上不确定的因素越来越多，为了顺应市场的发展，企业要想在竞争激烈的市场中站稳脚跟，必须拥有更高级的融资思维。

1.权益融资的定义和特点

权益融资是通过出售所有者权益从而获得资金的融资方式，如发行新股、吸引投资者等。通过权益融资，企业原所有者的控制权将会有所改变。

与债务融资不同的是，权益融资不需要偿还，而是通过股利来获得回报。在正常情况下，权益融资具备三个特点：

（1）永久性。权益融资没有规定何时到期，也不需要归还本金，其资金是维持企业长期发展的必要前提，同时也是维持法人长期稳定发展的基本前提。

（2）轻风险性。投资者所获得股利根据企业经营的效果而定，权益融资不要求固定按期还本付息，降低了企业的压力，融资风险比较小。

（3）平衡性。通过权益融资，企业债权人可以了解企业的债偿能力，同时保证企业的举债能力，比较平衡。权益融资的方式比较多，对于企业的要求也较为苛刻。但是，不同的权益融资对于企业的要求又不一样，这就需要企业根据自身发展来判断自己到底适合进行哪一种权益融资。

2.权益融资的主要方式

（1）天使投资。天使投资是最常见的权益融资方式。对于初创企业而言，天使投资是比较好的融资方式之一。

天使投资是个人或非正式风险投资机构将其资本投资于企业的投资方式，例如：在初创企业发展前景还未明朗的情况下，可能只需要5万美元的资金来维持生存，但多数风险投资家却会至少给予100万美元的支持，这样就会在某些方面加大初创企业的负担，而天使投资却能满足初创企业的需求。

天使投资可分为个人天使投资者和天使投资者团体。对于个人天使投资者，创业者可能需要花费大量工夫寻找，或利用熟人网络进行适当推荐。而天使投资者团体相对而言比较容易找到，但要求也更严格。

（2）风险投资。风险资本投资是由风险投资机构对于具备极大潜力的初创企业、中小企业所进行的资本投资。由于风险投资的盈利特征，众多知名企业都是通过风险投资而获得成长的，如谷歌、思科以及雅虎等，因此风险投资受到极大的关注。

风险资本与天使投资相比，获得投资的企业要少很多。相关数据显示，美国每年通过天使投资完成融资的企业大约为3万家，但每年通过风险投资完成融资的企业仅有3000~4000家。除此之外，每年的风险投资大概有一半的资金都会支持要追加融资的现存企业，仅有一半的资金用来投资初创企业。

如果企业本身较为优秀，发展潜力较大，那么风险投资是其进行权益融资的不错选择。风险投资在市场中的人脉关系较广，除了提供资本以外，还会以自身利益作为出发点，予以企业超出投资以外的帮助。除此之外，风险投资机构如果已经投资了某一企业，只要该企业发展状况良好，投资者还会继续对其进行投资，也就是后续投资。因此，企业在进行风险融资之前，应该对风险投资者进行尽职调查，了解企业和他们的适合程度。

（3）出售股票。权益融资的第三种方式是通过发起首次公开上市，出售股票获取资金。首次公开上市是企业对自家股票进行的第一次出售，对企业而言是重要的里程碑。虽然企业首次公开上市能够带来不少好处，但这并不是容易完成的事。

总而言之，权益融资是一种成本较高，并在一定程度上转移企业控制权的融资方式。

# 第五章
## 和资本一起增强核心业务

# 一、生态让股权更值钱

股权融资不是债务融资，而是权益融资，即融资者以出让一部分企业所有权（股权）为代价，换得投资方投入资金，双方会形成一种利益交换。

> 优秀的商业模式必须是有生命力的，才能让企业基业长青，也才能获得投资人的认可。
>
> ——千海

很多企业老板不愿意进行股权融资，因为他们不想出让公司所有权，也不愿意引入新的股东来监督或制衡自己，只愿意固守自己的一亩三分地，公司完全由自己一人说了算。但时代已经变了，商业环境也与过去大不相同，资本倍增的时代已经来临，融资者需要借助资本市场，通过资本的力量来赚钱。

## （一）股权融资的好处

通过股权融资，企业看似出让了部分股权，但带给企业的潜在利益也是巨大的。主要表现在以下方面：

1.有助于企业占领市场份额

股权融资来的资金，可以帮助企业实现跨越式发展。在帮助企业扩张的过程中，一些格局大的风险投资机构甚至会不计代价、不计成本地"烧钱"，借助前期免费模式帮助企业快速复制、壮大。他们愿意承受一时的巨额亏损，实现相对竞争对手的领先，占领行业制高点。

2.展示企业商业模式的价值

能够成功拿到股权融资，至少说明资本市场是认可企业的商业模式的，并非常看好企业的发展前景。

3.带来各种资源

股权融资带给企业的除了资金，还有风险投资机构背后的各种资源，如客户资源、人才资源、资本市场资源等，有些甚至可以涵盖企业发展每个重要阶段的所需资源。

4.提升企业管理水平

股权融资可以帮助企业提升内部管理水平，优化治理结构，由个人决策升级为群体决策，降低决策风险。

5.改善企业股东结构

企业能借此改善股东结构，建立起有利于企业未来上市的治理结构、监管体系和财务制度，从而提高运作效率。

**（二）融资公司的股权架构是否合理**

融资公司的股权架构直接决定风险投资机构的进入与否，他们对股权架构的考核会关注以下几个要素：

1. 股权结构简单明晰

所谓简单，是指融资公司股东不能太多，成长型公司最科学的配置是三人股东制，只有这样，沟通起来才会有缓冲地带。所谓明晰，是指融资公司有着明确的股东数量和股比、代持人和期权池等。

2. 有一个核心股东

公司要有一个能做主的大股东，要有能够一锤定音的决策者和拍板人。如果在股东当中股份过于平均，就会造成谁说话都算数的情景，而这种情况其实等于谁说都不算数。

3. 股东互补

互补不仅有性格上的互补，还有专业背景、社会资源上的互补，因为只有这样才能各司其职，带来公司运营所需的各种资源，促进公司健康成长。

4. 股东之间信任与合作

股东要各自独当一面，各管各的一摊，互相不干涉，彼此信任。股东之间可以互相"补台"，但不能彼此"拆台"，要能够齐心协力、同舟共济。

（三）公司如何估值

股权融资，需要对公司进行估值、作价，以计算投资商的投资价格。

公司估值是对公司内在价值的科学评估，公司的内在价值取决于其资产状况和盈利能力（包括当下盈利能力和未来预期盈利能力）。常用的公司估值方法有以下几种。

1. 同类公司类比法

找一个目标公司，将其作为参照物。目标公司可以是已经上市的同行公司，通过其财务数据和股价，推算出常见的财务比率，如P／E（市盈率，即"价格／利润"）。市盈率估值法，是目前国内投资市场比较常见的估值方式。

2. 市盈率倍数法

对公司进行估值时，可以将盈利未计利息、税费、折旧及摊销前的利润汇总后，乘以一个倍数，该倍数可以参考行业平均水平。如果没有参照信息，这个倍数建议设定为5。

3. 资产估值法

资产估值法是指，用市场价值来对公司的实物资产和无形资产（专利、商标、创始人团队和员工价值等）进行估值。需要注意的是，对公司已经拥有的既有资产，不能按照获得时的价格来计算，应考量资产当下重置所需要的成本，来计算公司当前的资产净值。

4. 交易对比法

交易对比法就是，选取已经被成功投资或并购的同行公司，将其融资和并购中的公司估值作为参照，获取有价值的财务数据和估值信息，来计算自己公司的估值。比如，A公司已经成功获得融资1000万美元，公司估值1亿美元。B公司的业务类型和A公司类似，但经营规模和市场占有率只有 A 公司的一半，那么投资者对 B 公司的估值可能就是 500 万美元。

5. 现金流折现法

现金流折现法是指，通过预测公司未来的盈利能力，计算出公司净值，具体是通过预测公司未来的现金流，将之折现至当前，加总后获得估值参考标准。

# 二、企业生态位的打造与突围

生态位的概念来自生物学，每一个长期留存下来的物种，都是一个生态位面的效率最大者。

狮子和老虎吃肉，捕食体型较大的哺乳动物，占据了食物链的顶端。

老鹰捕食范围宽广，擅长捕食体型较小的动物。

秃鹫捕食能力比较弱，占据了吃腐食的位置。

吃不到肉的清道夫，可以借帮助吃肉的大鱼清洁牙齿的机会获得食物。

食蚁兽只能在吃蚂蚁这个生态位上独自生存。

……

其实，不仅生物竞争领域存在生态位的概念，在任何有联系的领域，都存在生态位的概念。例如：在公司经营方面，生态位又叫作赛道。小公司要想在大公司的夹缝中获得生存壮大的机会，就要选择合适的赛道，找到一个大公司效率低而自己效率高的生态位。

2023 年 8 月，致力于垂直冰雪产业信息化服务的雪族科技正式官宣获得 4000 万元人民币 A+ 轮融资，投资方为 SZZ 超跑俱乐部。此次融资将用于深耕极酷运动生态和商业模型拓展。

从 2018 年雪族科技完成 A 轮融资开始，为了突围市场增量，它做过很多尝试，在赛事、其他垂直运动、C 端 App 等方面都有涉足，此次融资体现了投资方对雪族科技在体育赛道、多元化变化的最大认可。

疫情之后消费市场发生改变，虽然用户的非常规消费意愿降低，但主题消费意愿依旧保持平稳发展。

2022 年 12 月雪族科技推出了综合运动的新品牌——极酷运动 App，聚焦滑雪、飞行、冲浪、潜水、骑行等 17 项潮流运动，并在上线时同步完成了商业化；灵活配比运动种类，为用户提供当下最潮流的运动推荐、最便捷的场地预订，以及让用户建立自己的运动档案，逐步形成个性化的生活运动方式。

长久以来，很多垂直运动品牌一直都非常受资本关注，因为它们能让兴趣爱好来驱动用户消费和频次。

"因为热爱，所以真爱；因为相信，所以坚信"是雪族科技的企业文化。

这个案例告诉我们，中小企业受自身规模的限制，通常都无法取得多元化竞争优势，但可以通过技术创新，提高企业对原有资源环境的利用效率；通过制度创新、产品创新、管理创新和市场创新等手段，重新配置企业内部资源要素，不断拓展企业生态位；通过企业间的合作，扩展自身的生态位空间，增加生态位宽度和资源利用量。

随着企业生态位的扩展，融资能力会得到提升，企业可利用的融资方式也相对会增加，不再局限于银行贷款和政府补助，从而能有效解决融资难的问题。

生态位的重叠，会让市场份额相对缩小，引发激烈的竞争，企业应精确定位自己的生态位，选择与企业自身资源和优势相适应的产品与市场，利用尚未有竞争的资源，培养自身的核心竞争力，实现资源的优化配置。

为了改造和适应不断变化的生存环境，企业必须拓展生态位和调整生态位。在融资渠道选择上，中小企业可以通过向中小金融机构融资，与大型企业生态位相分离，进而避免与大企业竞争。

# 三、现金流是融资企业的尊严所在

现金流管理是企业管理的重心，它关系着企业的收益，影响着企业的经营活动、投资活动、筹资活动等。

现金流是融资企业的尊严。融资，一定要重视企业的现金流。

## （一）重视现金流量表

现金流量表反映了企业在三大类经济活动，即经营活动、投资活动和筹资活动中的现金变化情况。如果说资产负债表和利润表体现了企业在特定时间的财务状态及报表期间的财务表现，那么现金流量表就能给我们提供第三个维度——现金流，让我们能对企业基本面进行分析。

### 1.经营活动

经营活动现金变化主要包括企业开展主营业务所产生的现金流入和支出。把特定时期的经营活动的现金净流量和利润表里的净利润数据，以及资产负债里的存货或应收账款周转天数等数据结合起来，投资者就能更好地判断企业整体的盈利能力与价值。

一般来说，轻资产企业净利润上升时，经营活动现金净流量与净利润的变动理论上是比较一致的，否则就说明企业的净利润包含一些"水分"。比如，净利润中是否存在非经常性损益，或部分利润是否是通过"牺牲"现金流而赚取的。遇到潜在"水分"时，投资者会结合企业的年报中是否有相关的内容来辅助判断，如管理层对于业务和主要财务数据变动的解释、现金流量表的附注、主要利润表项目的注释、非经常性损益的描述与披露等。

2. 投资活动

投资活动，主要包括企业收购、处置子公司和购建、处置长期资产等业务。一般情况下，通过对一段时间内企业投资活动现金流情况的对比，投资者可以更好地认识企业的发展潜力。

如果企业持续投资，利润、经营性现金流持续正相关增长，就可能释放一个相对正面的未来增长信号。

对于收购型的业务扩张，投资者还可以结合企业年报中的重大并购、商誉减值等信息，综合评价相关企业的并购整合能力以及协同发展潜力。

3. 筹资活动

企业的筹资活动现金流是对日常经营"自我造血"获取现金流的一个很重要的补充。当企业盈利能力好、投资项目回报高于筹资成本时，企业就会通过筹资活动来获取资金，进行扩张。

遇到筹资活动现金流较大的企业时，投资者就会适度关注企业的融资成本，以及在一定时间内的融资现金流变化情况。通常，当企业融资现金流入逐渐减少或由正转负，或融资成本明显高于同行业公司时，投资者就会谨慎行事。因为这通常预示着为了降低风险，企业可能已经嗅到了一些敏感气息，并采取了积极的措施。

遇到这类情况，投资者可能就会关注财务报表中关于借款抵押或质押情况，以及是否存在借款财务指标违约的情况，然后进行综合评估。

现金流量表作为资产负债表和利润表的重要补充，可以有效地帮助投资者加深对企业财务状况或表现的认知。比对过往的财务数据以及同行业对标企业的表现，投资者就能更有效地"大浪淘沙"，甄选绩优股。

**（二）三级融资布局：90%、75% 和 30%**

企业在融资过程中，完全可以通过对现金流的分析确定企业融资金额的范围和比例，从而对融资进行合理布局。

企业的现金流与总资产之比反映了企业的经营状况，现金流所占企业总资产比例越大，说明企业的盈利能力越强。不仅如此，现金流所占比例也决定了企业的融资布局。

1. 现金流占 90% 时

当企业现金流占总资产的 90% 时，说明企业运营状况良好，融资能力较强。如果投资者依然感兴趣，企业就可以继续融资，争取得到更多的资金。健康企业的资金通常都是进得多、出得少。当然，初创企业在没有收入之前，应准备充裕的资金来维持团队运作和企业的正常运转，直到企业产生销售收入、现金流的流入为止。

2. 现金流占 75% 时

当企业现金流占总资产的 75% 时，说明企业能维持正常运转，智慧的企业就会及时制订融资计划，以便促进自身发展。现金流的多少直接影响着企业的生存和发展，即使企业运营能力良好，只要出现现金流断裂，就会对企业造成重大影响，融资可以在一定程度上降低企业现金流断裂的风险。

3. 现金流占 30% 时

当企业现金流占总资产的 30% 时，企业应重视起来，因为现金流所占资金比例不高，所以融资迫在眉睫。例如，企业虽然业绩在增长，但现金流占总资产的比例却在不断下降，为增强自身抵御风险的能力，企业就要进行融资，且融资金额要远大于运营成本。企业融资比例的确定，需要客观判断企业的融资能力。企业可根据现金流比例进行预估，提前设置好融资警戒线。为了促进自身发展，当企业即将面临现金流断裂的风险时，应及时着手融资；现金流占总资产比例较高时，应提前准备融资。

**（三）获得充足的现金流**

现金流就像人体的血液，也是资本看重的，那么如何获得充足的现金流呢？企业通过制定合理的预算、优化销售和收款流程、控制成本、合理利用融资方式以及加强现金流管理等方法，就能有效地增加现金流，为持续发展提供有力保障。

**1. 制定合理的预算**

所谓预算，就是企业对未来一段时间内收入和支出的预测。通过精确的预算，企业就能提前了解未来的资金需求，做出相应的筹资决策。如此，不仅有助于企业规避资金短缺的风险，还有助于企业更好地规划和管理融资资金。

**2. 优化销售和收款流程**

企业不仅要关注应收账款的管理，及时跟进欠款，缩短回款周期，还要通过提高产品质量、改进服务、降低价格等手段增强竞争力，提高销售额，增加收入，加速现金流入。

**3. 控制成本**

降低成本是提高利润的有效途径，也是增加现金流的重要方法。为了增加现金流，企业应关注采购、生产、管理等各个环节的成本控制，通过优化流程、提高效率等方式降低成本。

**4. 合理利用融资方式**

除了依靠自身积累，企业还可以通过银行贷款、发行债券、股权融资等方式筹集资金。当然，企业应综合考虑融资成本、风险等因素，选择最合适的融资方式。

**5. 加强现金流管理**

建立完善的现金流管理体系，企业就能通过信息化手段实时监控现金流状况，及时发现和解决现金流问题。同时，还要培养员工的现金流管理意识，提高整个企业的现金流管理水平。

**（四）优化企业现金流管理**

在企业的财务管理中，现金流犹如血液一般重要。一个健康的企业不仅要关注利润表上的盈利数字，更要重视现金流的稳定性和流动性。为了提升现金流管理水平，确保企业在不同经济时期都能保持稳健的财务状况，需要了解以下几个策略。

1. 强化应收账款管理

优化应收账款周转率是改善现金流的关键步骤之一。企业应建立完善的信用政策和收款流程，定期评估客户信用等级，并采用合理的赊销期限。同时，通过加大账款催收力度、引入第三方保理服务或实施应收账款证券化等方式加速资金回笼。例如，引入电子发票系统并实行按月结算制度，就能有效缩短应收账款的回收周期，显著提高现金流水平。

2. 精细化库存管理，以降低存货成本

过度库存会占用大量流动资金、增加仓储费用及可能发生的价值贬损风险，企业应运用先进的库存管理系统，精准预测市场需求，实现供需平衡，避免库存积压。此外，还可以推行精益生产模式，采用JIT（准时制）采购策略，减少不必要的原材料和成品库存，从而释放被占用的现金流。

3. 合理规划应付账款的支付时间

在保证信誉的前提下，企业可以利用供应商提供的信用期，合理安排应付账款的支付时间。比如，根据现金流预测，在不影响与供应商关系的前提下，优先支付急需现金支持项目的所需款项，而对于尚有充足信用期的应付账款则可适当延后支付，以此来提高资金使用效率。

4. 寻求多样化的融资方式

除了内部现金流管理优化外，企业还应积极探索多元化的融资方式，如银行贷款、发行债券、股权融资等，以及供应链金融中的预付款融资、订单融资等创新工具。这样既可以在短期内解决资金需求，又能在长期内分散融资风险，增强企业的抗风险能力。

5. 实施严格的资本支出审批制度

对重大投资项目的审慎决策也是优化现金流的重要环节。企业要设立严格的资本支出审批流程，进行严谨的投资回报分析，确保每一笔大额支出都能够带来正向现金流。对于非必要的资本扩张或更新改造项目，如果不能快速产生足够的现金流回报，应当谨慎对待，以免造成资金链紧张。

总之，优化企业现金流不仅关乎企业短期的资金运作效率，还影响着企业的长期发展。通过以上五大策略的综合应用和实践，企业就能有效提升现金流水平，为企业的稳健运营和发展奠定坚实的基础。

# 第六章
# 融资构建新的增长引擎

# 一、孵化器：资本运作增长的新引擎

"孵化器"这个概念，近几年越来越被大众所知，但很多人只是听说过，并不知道企业孵化器到底是做什么的。一种解释称，孵化器原指人工孵化禽蛋的设备，后引入经济领域，成为一种新型的社会经济组织。其职

> 企业融资就是顺势借力，顺企业发展周期和未来之势，借政府之力，借资本之力，借产业之力。
>
> ——千海

能是通过提供研发、生产、经营的场地，通信、网络与办公等方面的共享设施，系统的培训与咨询，政策、融资、法律和市场推广等方面的支持，来降低创业风险和创业成本，提高企业的成活率和成功率。

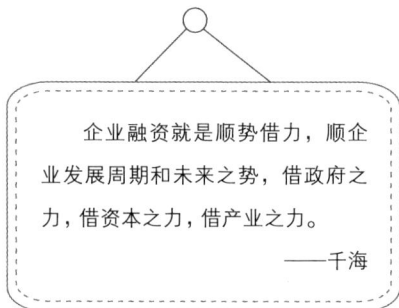

## （一）入驻孵化器有什么优势

### 1.场地租金优惠，政策扶持

随着经济的发展，我国城市建设取得了显著的成效，写字楼等办公场所的租金越发拔高，导致创业成本逐步增加，很多创业者面临着"创业未捷，房租先死"的局面。办公成本的增高加大了创业风险，在创业

初期，孵化器可以借助国家各类政策补贴的支持，为创业者提供场地租金、水电、社保补贴等优惠，减少其创业风险。

2.基础服务一步到位

有了创业梦想后，接下来便会着手去实施。然而，在实际的公司成立过程中，往往要经历一系列烦琐的流程。

比如需要准备很多的资料，较高的人力、财物和时间成本，这一过程往往会吓退一部分人，使得他们的创业梦就此搁浅。在这个阶段，孵化器就体现出了它的价值。凭借强大的服务团队与运营经验，孵化器可以为创业团队提供商财税等专业指导与服务，一步到位，让创业省力又省心。

3.创业服务资源丰富

创业服务是孵化器区别于一般办公楼的根本所在。创业者创立公司，除资金需求外，还需要各类培训服务。在行业竞争日益激烈的今天，孵化器除了提供物业、办公等基础服务外，还为企业提供包括政策咨询、创业培训、投融资等对接多方面的创业指导，并通过常态化路演帮助企业进行宣传，实现上下游资源的无缝对接。

4.创业氛围浓厚，能激发创业活力

创业，有些是众志成城，也有些是孤军奋战，不管是哪种情况，后续的公司运营都不可能是一个人的发展，需要融入大的办公环境。而浓厚的创业氛围，可以激发创业创新的活力。

孵化器作为一个物理空间，可以容纳多个创业团队同时办公，打破了传统意义上每个创业项目各自独立办公，与外界相对绝缘的状态，创造出诸多项目之间、项目和外界之间连接的机会，让众多创业者得以交流，共同进步。

5.搭建互联网平台，推进企业快速成长

"互联网+"时代为了更好地帮助创业团队快速成长，孵化器也在不断地调整与更新。比如，通过公众号、直播、个人专访、网红电商等，利用孵化器资源提升企业知名度助力营销；通过小型的创业沙龙、下午茶等，交流创业经验。线上线下的配合，使众多资源有了横向和纵向的连接机会，孕育出了更大的商业价值，打破了入驻企业跨界合作的界限，提高了创业团队运营管理效率，节约了人力财物成本。

（二）专业孵化器运营模式

专业孵化器运营模式大致分为以下四大类：

1.技术转移型

该运营模式以技术转移为特色，并辅以投融资功能，能发挥服务联盟的优势，加强产学研的紧密结合，简而言之就是"技术转移+投融资+服务联盟"。这类专业孵化器主要都是依赖大学和科研院所建立的，能将自身系统的科技成果进行商业转化。

2.技术服务型

该运营模式结合在孵企业的技术需求，建立了专业技术平台，对企业开展测试、化验、技术培训等多种技术服务。在这类孵化器中，专业技术服务平台发挥着非常突出的作用。

3. 产业链型

这种类型的孵化器一般依托大公司的背景资源，对某技术领域内上下游资源进行整合，形成对研发、中试、生产、销售等整个产业链的孵化。这种孵化模式基本锁定了在孵企业的市场风险，有利于在孵企业快速形成产业化通道，即"专业技术平台＋生产基地＋市场网络"。

4. 投融资型

这种模式以投融资为主要服务内容，辅以一定的专业技术平台，主要在若干技术领域内投资，有很强的专业性，可以简化为"投融资＋专业技术平台"。

投融资型孵化器的成功有两个先决条件：其一是孵化器具备雄厚的资金实力和较强的融资能力，其二是有充足的可供投资的技术项目或创业企业源。满足了这两个条件，孵化器就能通过经验丰富的投融资管理团队，利用资本运作手段开展投融资服务。

值得注意的是，上述四种运营模式并不是孤立存在的，有的孵化器可能同时具备两种以上的运营模式，尤其是综合孵化器在向专业化转型过程中，由于实力较强，进行了多方探索，形成了复合型专业孵化器，即跨几个技术领域，运营方式比较灵活。

# 二、走出战略采购困局

战略采购是以最低总成本建立业务供给渠道的过程，而不是以最低采购价格获得当前所需原料的简单交易。战略采购可以平衡企业内部和外部的优势，降低整体供应链成本，涵盖了整个采购流程。

## （一）战略采购的原则

战略采购，要坚持以下几个重要原则：

### 1.考虑总体成本

现实中，很多企业都认为成本最优就是价格最低。错！采购的决策影响着后续的原料运输、调配、维护、调换，乃至长期产品的更新换代，必须考虑总体成本，要对整个采购流程中涉及的成本和其他相关的潜在成本进行评估，例如，由特定采购原料或设备带来的配套原料和设备的获取、安装、维护、运作和清理成本等。评估总体成本时，可以尝试用这个简化的方法：总体成本 = 价格 + 使用成本 + 管理成本。

### 2.建立坚实的谈判基础

谈判不是一味压价，而应基于对市场和自身的充分了解。总体成本分析、供应商评估、市场评估等，可以为谈判提供有利的事实和数据信息，帮助企业认识自身的议价优势，掌握整个谈判的进程和主动权。

3. 战略合作关系

在战略采购中，互赢理念不可或缺。现实中，很多先进的企业都建立了供应商评估、激励机制，来与供应商建立长期的合作关系，确立互赢的合作基准。例如，帮助供应商优化运输流程、承诺最低采购量和价格保护等。

4. 权力制衡

企业和供应商都有其议价优势，充分认识供应商所处的行业、供应商的业务战略、运作、竞争优势和能力等，企业就能发现改善目前权力制衡关系的机会。如今，越来越多的企业在关注自己所在行业发展的同时，开始关注延伸供应链上相关行业的前景，考虑如何利用供应商的技能来增强自己的市场竞争力。

## （二）战略采购的主要方式

1. 集中采购

这是一种基本的战略采购方式。通过集中采购，可以提高议价能力，降低单位采购成本。企业建立集中采购部门或货源事业部，对集团的生产性原料或非生产性物品进行集中采购规划和管理，可以在一定程度上减少采购物品的差异性，提高采购服务的标准化，减少后期管理的工作量。但集中采购不仅会增加采购部门与业务部门之间沟通和协调的难度，也会增加后期调配的难度，不太适合地区采购物品差异性较大的企业。

2. 扩大供应商范围

扩大供应商选择范围，引入更多的竞争，就能降低采购成本。但某些生产核心产品或提供核心服务的企业，往往会与少数战略合作伙伴建立长久关系，以在保护核心技术专有性的同时，共同进行新产品或服务的开发和改良。

3. 优化采购流程和方式

优化采购量和供应商数量后，要将成本降低空间转向管理优化方面。例如，通过招投标方式引入竞争，发挥公开招标中供应商之间的博弈机制，科学公正地选择最符合自身成本和利益需求的供应商；通过电子化采购方式，降低采购处理费用；通过科学的计算，合理安排采购频率、批量，降低采购费用以及仓储的直接和间接成本；有选择地购买供应商提供的服务和原料。其实，供应商提供的服务都是有价格的，以直接或间接的形式包含在价格中，企业可以对其进行细分，选择所需的原料和配套服务，降低整体采购成本。

4. 原料、工艺或服务的标准化

在产品或服务设计阶段，要充分考虑未来采购、制造、储运等环节的运作成本，并提高原料、工艺和服务的标准化程度，来减少差异性带来的后续成本。这是技术含量更高的一种战略采购，是整体供应链优化的充分体现。

114

# 三、既是融资者也是投资者

很多人都没注意到一个事情，即职业投资机构都是融资者。职业投资者的资金不是自己的，而是私募来的或者从股市上公募来的。投资者和融资者，都是资源配置者，这也是大投资者和小投资者的共同点。

## （一）了解"资"的内涵

投资是资产拥有方基于提升资产价值的商业目的，通过特定的商业模式使其资产变成资本的行为和过程。融资是企业募集资金或资产的行为和过程，是企业根据自身经营发展需要，向投资者或债权人募集资金的行为和过程。

无论是投资还是融资，都是经济主体围绕着"资"这一核心载体所从事的经营活动，作为投融资活动的载体，"资"在多数情况下主要是资金。

随着市场竞争环境的变化和商业生态逻辑的演变，在以资金为重点的投融资模式下，作为投融资活动基础或配套条件的资产、各种资源和智力因素，正在逐步成为投融资的重要角色，并在投融资活动发挥出独特的作用，"资"的概念从广度和深度自然延伸，不再是纯粹意义的资金，资产、资源和智力也成了新型投融资模式中资本的构成要素。

1. 资金

资金是流动性最强的货币资金，既是投资活动的基础，也是重点，投融资都需要可以立即到位的现金。当然，在约定投融资分期到位或设立期股的情况下，并不需要全是现金，也就是说"未来的钱也可以投当下的资"。

2. 资产

资产是可以用货币计价的非货币性实物资产和无形资产。实物资产包括土地、建筑物和用于生产产品的机器设备、工具、原材料、存货等，无形资产包括知识产权、土地使用权、工业产权、股权、债权、品牌、商标等。资产流动性不如货币资金，但作为企业经营活动的重要条件，可以按照市场价格进行评估计价，因此资产正逐渐成为投融资活动中的常见要素。

3. 资源

所谓资源，是指企业内、外部可以直接或间接利用的一切资源和平台，如人力资源、供销渠道、条件平台、供应商和客户资源、政策环境等。不同于资金和资产，资源没有相对统一的标准作参照，不能或不易评估作价，且大多须具备特定的条件和前提，但其对投融资双方具有特定价值，甚至有可能成为融资方不易被替代的核心竞争力。

4. 智力

智力主要指企业团队的能力、经验、价值观及其他无形的知识形态的积累。与资金、资产、资源相比，智力是团队在特定市场条件下通过历练和积累逐渐形成的，最不易被模仿和替代。但正因为此，它同样缺乏可供量化的评价标准，无法简单地以资金的方式体现。

在广度和深度上丰富"资"的内涵，投融资双方就能在更大范围内挖掘、发现、认同彼此的价值，使资源、智力等隐藏在财务报表外的资产价值得以显现，完成资金、资产、资源和智力向资本的协同转化，形成资源配置型投融资模式。

### （二）资源配置型投融资模式的主要特征

1. 投资和融资既对立又统一

投资和融资都是基于载体评估、合作对象选择、方式设计、风险因素规避、交易价格博弈的特殊商业行为，遵从普通的商业逻辑，因此作为商务交易的双方首先是对立的。然而，投融资活动不是简单的买卖，其本质是合作，投融资双方以企业为承载主体，通过协同经营的价值增值而实现各自的价值诉求，从这个角度讲双方其实是统一的。

投资者和融资者就像儿女亲家，初期双方基于儿女及双方家庭的种种评价、判断、选择、设计是相对对立的，而儿女小家庭的成功设立就是初期对立和达成统一的重要成果，小家庭（被投项目）的和睦经营与兴旺发达又是亲家双方"投融资活动"的共同期待和价值追求。

不难看出，对立又统一是投融资活动的重要特征。对立大多来自战术设计，统一大多来自战略安排。对投融资活动的对立统一认识，不仅是重要的思想解放、思路拓展和理念更新，更是资源配置型投融资模式的显著特征。

2. 投融资一体化

投融资双方围绕"资"所开展的经济活动行为和过程是一个问题的两个方面，投资者将"资"转化为资本即为投资，融资者将"资"转化为资产即为融资。投资者将其"资"转化为资本，通过企业的经营活动提升其价值，再通过新一轮的溢价融资，重新将资本转化为资产，从而实现投资者资产的价值增值。从价值投资的角度来说，投资即为融资，融资即为另一种形式的投资，不能将二者割裂开来，要真正树立起投融资一体化思维模式。

3. 以资源配置为重点、企业发展生态构建为核心

随着商业生态逻辑的不断探索与实践，资源聚合能力（张力）和资源转化效率（活力）已真正成为企业的核心竞争力。从某种角度说，企业经营的本质是资源经营，而资源经营对企业经营与发展越来越重要。

在资源经营逻辑下的投融资过程已不再是简单的投资或融资，更不再是纯粹的资金投融，而是根据企业总体发展需要开展的资源开发和资源配置过程，是企业发展生态的重构过程，因此资源配置的出发点是企业发展需求，落脚点则是企业发展生态重构。以资源配置为重点、企业

发展生态构建为核心，是资源配置型投融资模式的重心。

4. 投资未来、经营希望

投融资作为特殊的商业活动有一个鲜明的特点，不是"一锤子买卖"，而是关心过去、立足当下、着眼未来，"投资未来、经营希望"可以说是其本质特征。

资源配置型投资融资模式的核心逻辑是：秉承"投资未来、经营希望"的投融资理念，着眼于企业未来持续发展的大局和全局，着力于企业发展生态的不断改善，重点关注存量资源与增量资源的融合与匹配、企业竞争力的提升和成长、企业的规模扩张与持续融资机会、企业的收益增长与未来溢价空间。

（三）投融资需要注意的问题

在投融资过程中需要特别关注下面几个问题：

1. 选择志同道合的投融资主体

投融资活动不是简单的交易，更不是"一锤子买卖"，需要经过长期合作，因此投融资主体间应是志同道合和三观一致的。投融资不仅仅是"资合"，更应该是"人合"，不仅表现为合作各方资源的结合，更表现在投融资双方对发展理念、战略、方向、目标和盈利模式的观念一致，以及对投资标的、合作约定、彼此拥有的资源和价值的认可。正所谓"道不同不相为谋"，选择三观一致的合作伙伴有时比项目的价值与投资前景更为重要。

2. 不同阶段选择不同的合作方

投融资主体会根据自己的发展阶段有针对性地选择投融资的对象。投资者主要分为风险投资者、战略投资者、财务投资者，不同投资者的投资意图、投资实力、资源背景、服务能力相差甚远。

风险投资者主要投资初创企业、项目的产品或业务成型前的创业期；战略投资者更多着眼于产业布局与发展需要，更看重拟投资企业在相关行业更为长远的发展潜力及战略价值；财务投资者通过注资入股来获取高额的投资回报，看重被投资企业（融资项目）的高成长性、发展空间及短期内投资获利的高额回报。项目（企业）不同阶段的融资需求也不尽相同。合作对象的选择将会直接影响投融资效果。

3. 重视背后的资源价值与服务能力

基于资源配置的企业发展生态构建，除了直接的运作外，要高度重视投融资双方背后的资源价值和服务能力。一方面在投融资合作之初，除了直接参与运作的价值，还需要关注双方的背景资源价值与服务能力；另一方面合作之后要充分发挥双方的产业、市场、政策等资源优势，争取更多间接资源和服务，为其提供相应的资源和服务加持，帮助被投资企业做优、做大、做强。

4. 设定适合的投融资目标和收益方式

不管是投资还是融资，首先要知道：为了什么？希望达到什么样的目标？投资未来——未来即方向，经营希望——希望即目标。投融资的目标决定其价值定位，决定不同的投融资收益方式的设计与安排，也影响着投融资载体和主体的选择。投资收益方式包括货币化分红、资产化增值、股权化运作以及证券化倍增等。不同的投资收益方式决定着不同的投资标的和路径，而企业发展的不同阶段，收益实现方式也有所不同，相应的投融资路径、方式和目标也大不一样。

5. 规避非资本要素的风险

"资"不仅包括由于可以货币化度量而资本化的资产（金）要素，还包括由于无法或不易货币化度量而不能被资本化的资源、智力等非资本要素。

这些非资本要素没有市场公允价值做标准，大多只能根据投融资方的运作经验、主观判断以及谈判能力等确定其价值，会带来较大的投融资风险。但由于资源和智力等非资本创新要素大多有其形成的特定条件和背景，因此有时会超越有形资产（金）而成为经济主体最不可替代的核心竞争力。

所以，对于投融资双方来说，一方面不能因噎废食，忽视对非资本要素价值的挖掘和发现；另一方面，要坚持谨慎原则，充分预估非资本要素可能带来的风险，并制定相应的风险规避措施。

# 四、围绕自己打造一个生态系统

在生态之下，融资者要建一个自己的生态系统。

在国内早期创投领域，经纬创投创始合伙人张颖是一个很重要的人物。他靠着敏锐的嗅觉，风起青蘋时，先于众人押注移动互联网。他出手快、准、狠，首开行业先河，仅用了几年时间，就投了数百个项目。他乐于分享，兴趣爱好广泛，是一名拥有几百万粉丝的微博大 V。

过去，在张颖的带领下，经纬创投投资了小鹏汽车、理想汽车、富途证券、陌陌、滴滴出行等上市公司和独角兽初创企业。尽管创投圈风口一直都在变化，行业内的机构也在起起落落，但经纬创投好像能够穿越周期一样，始终跻身于国内一线风投机构的行列。这背后到底有什么秘诀呢？张颖的应对策略之一就是，投资生态化。

2008 年，张颖带着几个人创立经纬创投时，国内的风投机构只有寥寥几家。当时投资机构的热点是电信通信、软件和 IT 服务，而经纬则相对关注互联网。因此成立第一年，张颖和团队便投了安居客、暴风影音和做医疗器械的理邦，同时开始思索经纬可能的"打法"。

2010 年，张颖决定转战移动互联网。这一年，小米、猎豹相继成立，微博大行其道，美图秀秀上线移动端，张颖敏锐地察觉到，人们花在手机上的时间正成倍增加。因此，他做出判断：移动互联网绝不是传统互联网的延伸，它们甚至可能是对立的。因为一个能让手机变得像人体器官一样的行业，可以构成对任何传统行业的颠覆。果不其然，往后几年，国内移动互联网的创业投资迎来了大爆发。

而在蓝海变红海的过程中，张颖为经纬制定的"人海战术"开始凸显优势。他从 2009 年开始大规模地从互联网行业中招揽了一批毫无投资经验的产品经理，来找寻潜在的移动互联网项目。很长一段时间里，这套"打法"并无追随者。

事后证明，采取这种人海战术，虽等于押注整个移动互联网赛道，却是成功的，经纬成功投了陌陌、饿了么、滴滴等独角兽企业。但花无百日红，人无千日好，移动互联网的狂奔也终有落幕的一天。2016 年，移动互联网的线上流量红利陷入枯竭，经纬必须为自己的下个 5 年和 10 年寻找新的增长赛道。

在赛道切换的同时，张颖提出了投资生态化的想法：先找到各行业的投资锚点，然后延伸成一个生态系统，让彼此之间产生聚合反应，共存、共荣。比如，在新能源产业链，经纬投资理想和小鹏两家核心车商后，有了全局视角，并顺藤摸瓜建立了电池材料、汽车芯片等新能源生态链版图。

　　除了横向布局，纵向产业链协同也很重要。在生物医药上游，经纬投资了 T 细胞无血清培养基已达业内领先水平的依科赛生物。而另一家经纬系的细胞治疗公司沙砾生物，作为国内专注于肿瘤免疫细胞治疗的企业，恰好很需要优质且能长期供应的国产 T 细胞培养基。两家公司一拍即合，建立了长期战略合作关系。

　　在企业服务 /B2B 领域同样如此。基于建立生态系统的理念，经纬顺着产业链上下游延展投资。

第三部分
## 融资实践和价值共创

# 第七章
# 值钱企业要远离只能提供
# 资金的投资者

# 一、融资之前要先认清自己

创业路上，免不了需要投资机构的帮助，可是拿着一份过时的融资计划书，融资成功的可能性为零。

融资是一件非常严肃的事情，必须认真对待，不要以为自己的产品好

> 格局决定布局，布局决定结局。胜兵先胜而后求战，败兵先战而后求胜。
>
> ——千海

就一定能融到资。融资者最终能不能融资成功，要看提供的资料是否符合投资机构的标准。

为了帮助大家提高融资的成功率，这里总结了 12 个投资者关注的问题，只要将这些问题搞明白了，融资的成功率就会大幅提升。

## 1.定位定得准吗

创始人进行产品定位其实是在定江山，产品定位错了，产品再好也不行。举个例子，假设你生产了一款超级好看、性能很好的电动自行车，成本却比普通电动自行车贵一倍。按理说这款电动自行车只要在城市中找到一个好的定位就行，你却将其定位为"农村人也爱骑的电动自行

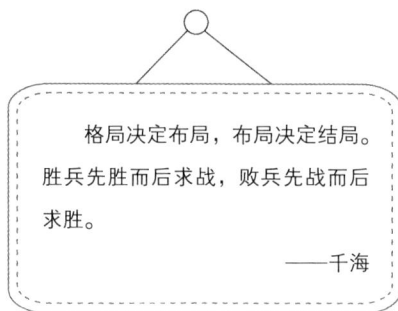

车"，这就无异于自寻死路。

现实生活中，很多融资者的定位虽然没有上面例子提到的那么离谱，但定位出现错误的融资者大有人在。定位的目的就是让你成为唯一，至少是某个领域的代表，如竞争激烈的洗发水领域，有的定位是男士，有的定位是女士，有的定位是防脱发，有的定位是去屑。提到防脱洗发水，人们会不由自主想到霸王；提到去屑，人们会想到海飞丝。这就是定位的好处。

2. 产品价值新吗

创业的本质是给市场创造新的价值，而不是无尽的"内卷"。如果你的产品没有特色，成本也跟行业差不多，想要卖出去，就得打价格战。而这种没有创造出新价值的产品，根本就不可能得到融资。

3. 技术迭代快吗

有些人从来不去创新，只是靠模仿活着，只要竞争对手生产出来个什么东西，他们立刻就能模仿出一模一样的，价格还比对方低。这种做法会给原创企业造成巨大的压力，倒逼他们更快地进行产品迭代，让复制的速度永远都赶不上他们的速度。如果企业的技术迭代慢，就会被资本抛弃。

4. 核心壁垒强吗

在发展过程中，企业不能只重视外在设计，还要重视核心竞争力。因为外在的东西，竞争对手可以学，而内在的核心竞争力对手却很难学会，因为它有可能跟制度和文化有关。如果公司能做到让竞争对手学不会，核心壁垒就足够强。

5. 创始团队稳吗

很多公司之所以走着走着就散了，是因为创始团队出现内讧。创始团队能不能稳定，取决于创始人有没有足够的人格魅力来吸引团队成员；创始人没有人格魅力，团队很难稳定，资本也不会投资。

6. 创始人格局大吗

创始人的格局决定了公司的发展程度。企业刚有了一点利润，创始人就想自己多分一点，这不仅会伤了其他人的心，还让公司不能长远发展。创始人更应该关注的是公司上市之后的股权价值。

7. 长期耐力足吗

创业没那么容易，不可能今天创业，明天就成功。很多创业团队都是经过了 10 年以上地狱般的生活才成功的，而这就考验着团队成员的耐力。

8. 战略眼光远吗

企业能不能走得长远，要看有没有长远的战略眼光。只盯着最近两年的目标，只会离成功越来越远。

9. 驾驭能力够吗

有些企业眼见就要拿到融资了，但因为创始人没见过那么多钱，不知道怎么花，缺少资金驾驭能力，从而让投资者产生了疑虑。

## 10. 智商情商高吗

创始人需要见形形色色的人，需要高智商和高情商。情商高的人，创业的成功率往往更高。

## 11. 创业初心正吗

创业的初心很重要，创业并不是为了证明自己，而是为了解决某个社会问题。在融资之前，要想清楚这样几个问题：

企业为什么需要融资？

公司的财务资金管理水平如何？

融资的方案是否可行？

是否知道银行的贷款规则？

自己的产品或服务在市场竞争中有什么优势？

商业模式是否可持续发展？

自己的市场规模有多大？

融资需求和资金用途是什么？

重要的合作伙伴和客户有哪些？

## 二、融智、融资和融产

值钱的公司都懂得融智、融资和融产。企业发展的关键在于经营和融资，融资并不是做营销，其目的在于构建企业的基础能力。

企业发展离不开人才，人才是企业的核心竞争力，但人才也很现实，离不开收入和收益。当然，收益有眼前收益和未来收益。有的人在乎即期到手的收入，有的人更在乎未来收益。大家耳熟能详的阿里巴巴早期创始人蔡崇信就是放弃了眼前收入着眼未来收益的。

1999 年蔡崇信放弃了年收入 70 万美元的瑞典投资公司的工作，千里迢迢投奔阿里，追求未来长远收益，当时他的这一做法惊掉了很多人的下巴，而 2019 年时他却在福布斯榜上以 115 亿美元的身价出现，收益令人吃惊。

1. 融智

阿里巴巴初创时困难重重，需要蔡崇信这样的高才。蔡崇信加入后，阿里一路高歌猛进，后续系列融资发展都顺风顺水。若无蔡崇信，阿里巴巴的路径估计会有不同。

得一人可以兴邦，得一人可以安邦，得一人可以力挽狂澜，得一人可以绝地反击。有智有才，便可有财生财。智慧的人在一起，可以干出惊天动地的大事。

2. 融资

企业融资是建立在融智的基础上的。"智"融到之后，融资就变得水到渠成。这里仍以阿里巴巴为例。蔡崇信加入后，凭借其专业能力、创业智慧和人脉网络等，屡次帮助阿里融资成功，助其摆脱一次又一次资金短缺的困境，被称为"阿里的财神爷"。如1999年，蔡崇信成功说服高盛等一众投资机构向阿里投资500万美元，解了阿里的燃眉之急；2000年，蔡崇信成功从孙正义处获得2000万美元融资，在拯救了阿里的同时还保住了其控制权；等等。由此可见，企业融智成功后，融资就变得相对容易。

3. 融产

企业、产业、行业、地区的融合，不是简单的资金投入、人员派驻，而是一种深层次的改造、改变和改观，企业要注重融合，而非简单的收购和合并，因为不同企业的文化、理念、思想等都存在差异，不因地因人制宜，就无法实现融合，只能停留在表层外形，无法灌注于内层内芯。

企业三融，先要想办法融智，用智慧来碰撞，释放无穷的力量；然后再引资，将雪球滚起来，做大并做强。

融资需要看时机和需求，让资本不得不押宝自己，才是主人翁的态度。很多融资者将资本作为"救世主"，事实上，"救世主"随时都可能撤回援助之手。

# 三、降低用资成本是要务

企业要想健康可持续发展，资金链是具有决定性效果的因素。创业者不仅要会融钱，更要想办法降低用资成本。只有正确运用每一笔融资，才能把握企业财务状况。记住，融资成功后要合理使用资金，因为会管理资金比融资更重要。

2018 年 8 月，阿里巴巴、迪士尼等联合投资了 Quibi，投资金额为17.5 亿美元。此时公司刚成立，产品还没上线。

不同于 TikTok（抖音海外版）、YouTube 等主流短视频平台，Quibi坚持由自己创作 / 购买内容，在产品上线前就邀请斯皮尔伯格等顶级嘉宾自制情景剧，内容有 8500 集，每集时长 5~10 分钟。

Quibi 极度追求视频的制作精良，导致成本居高不下，制作费用每分钟超 10 万美元。

像好莱坞电影一样大制作的短视频，确实能赢得观众的喜爱，但Quibi 上线半年以来，用户量不到百万，不及预期的 1/10；虽然其采用付费订阅模式，用户需要每个月缴纳 4.99~7.99 美元才能观看视频，但粗略一算，Quibi 半年的营收也只有几千万美元。

最后，两位创始人决定关停和出售资产，并把剩余的现金返还给投资者，解散团队。他们将失败归结为两个原因：产品理念无法支撑其作为一个独立的视频流媒体，以及遭遇新冠疫情。

创业公司进行新一轮融资时，投资方都会问公司的资金消耗率。资金消耗率是用来衡量资金被消耗的速度，也就是说，公司每个月在技术、销售、人员成本等方面需要花多少钱？公司在收支平衡或者新一轮融资完成前能够生存多久？

根据融资的消耗程度决定下一轮融资的节奏，是保证资金链顺畅的关键。拿到早期融资后，融资者要谨慎而有规划地使用资金。那么，公司应该如何设计自己的资金消耗率呢？

1. 做好运营规划

在通常情况下，企业需要让融到的资金至少能保证公司运营 15~18 个月。

融资者需要给自己 4~6 个月的时间来筹集资金，如果公司没什么创新，则需要更多的时间。这样计算预期的消耗就很容易，如公司本轮融资是 250 万美元，平均每月的资金消耗应该是 14 万 ~16.5 万美元。如果公司的收入增长，就可以提高消耗率。但是，如果公司每月消耗 20 万美元，那么公司在一年之内就会失去所有现有资本。如果融资者用 4~6 个月的时间来进行下一轮融资，那么在一年之内就只有 6~8 个月的时间来展现前一轮融资的成效。这也就是融资者在完成一轮融资后需要保证公司运营 15~18 个月的原因。

2. 考虑融资前景

如果公司发展非常快，融资足够多，融资者就有权以较高的资金消耗率运营。但如果公司突然遇到发展瓶颈，而融资困难或公司上一轮融资时公司估值过高，导致下一轮投资方需要重新对公司进行评估，这时候就需要减少消耗了。

很多时候，减少消耗就意味着削减成本，意味着裁员，意味着减少营销的成本，能不花钱就不花钱。在这种情况下，公司会遭受很大的压力。但是，只要能撑过这段困难时期，公司就能更上一层楼。

3. 考虑公司的风险承受能力

消耗率是公司风险承受力的一个指标，也就是说，如果公司不能顺利融到下一轮资金，融资者就要准备好公司会有一段困难时期。有些创业团队非常保守，宁愿保持低资金消耗率，也不愿意去冒资金链可能断裂的风险。但是，愿意冒险扩张的企业也不少，比如京东。

很多时候，资金消耗率也体现出了融资者的风险承受能力。同时，融资者即使有破釜沉舟的勇气和魄力，也应该考虑现有股东的风险承受能力之后再做最终决定。因为，这影响着融资者和投资方的共同权益。

# 四、融资者需要构建自己的信用体系

不要小看信用，因为它是金融市场的灵魂。

信用背书可以理解为，融资者自身的信誉能力，最简单有效的证明办法就是个人征信报告与大数据评分。这也是在办理信用融资时的准入要求。为了在需要融资时不遭遇难题，融资者平时需要注意自己的履约行为。

在融资活动中，融资者所在企业如果获得了其他高资质、信誉良好的企业背书，那么代表融资者所在企业也是值得信赖的，能够为其顺利融到资提供便利。

融资企业获得其他企业或机构的信用背书主要体现为以下几种形式：

1.金融票据背书

在票据业务中，资质高、信誉良好的企业作为持票人，通过在融资企业所持有的支票、汇票等金融工具背面签章并记载相关事项，来将票据权利转让给其他企业或个人，这一签章行为即为背书，代表了融资企业在对企业或个人履行支付义务方面信用，为融资企业融资提供了信用保证。

2. 担保

为融资企业的信用背书也表现为一种直接的经济担保。例如，母公司为其需要融资的子公司提供贷款担保，或者一家企业在供应链融资中为下游供应商的融资行为提供信用担保。

3. 品牌合作与认证

在非金融业务中，为融资企业信用背书可能表现为知名品牌与需要融资的初创公司合作，或是权威机构为需要融资的企业颁发资质证书、质量认证等，这些都是用前者的企业信誉为需要融资的企业的产品或服务做信用背书，以帮助融资企业顺利实现融资的目的。

# 五、不外传的融资技巧

## （一）融资思维比融资方法更重要

1. 融资是企业能活下来的第一要务

老板会融资，是企业的幸事，这就意味着企业不会缺钱。即使遇到资金链断裂的问题，他也会通过融资，快速将资金缺口补上，让企业继续运转下去。多数企业倒闭，最主要的问题就是资金链断裂，公司没钱，没办法聘请员工、购买材料、推广宣传等，让企业无法运行，不得不宣布破产。

企业必须有一个融资能人，他能够随时随地帮助企业解决资金问题，确保企业正常运行。否则，企业就等于拥有一颗定时炸弹，一旦出现资金问题，就会被残酷的市场所吞没。

2. 融资要有成本意识

成本意识强调企业应通过有效管理融资活动来降低成本和提高效益。

融资的成本意识的价值在于，它能帮助企业认识到融资并不仅仅是获取资金，而是要通过合理配置和利用资源来实现企业的长期目标。

为了实现这一目标，企业需要满足一些条件。首先，增强自身的"造血"功能，努力提高自身的盈利能力和财务稳定性，减少对外部融资的依赖。其次，做好全面预算管理，包括对融资活动的预测和规划，确保企业在需要资金时能够及时获取到。第三，要做好融资筹划，评估各种融资选择并确定最适合企业的方案。最后，企业应加强内部的制度建设，确保融资活动的合规性和有效性。

3. 融资不是多多益善，要坚持适度原则

融资需根据公司发展战略规划和年度经营目标统筹安排，要以最优的融资结构筹集资金，满足公司的资金需求，要适当选择融资的金额、方式、时机、期限等。

4. 融资成功不等于创业成功

融资成功仅仅是创业的开始，绝不意味着成功！很多创业者都有自已的优势，比如有闯劲儿，不怕吃苦，能够不计时间、报酬拼命地干。但是，他们也有缺点，那就是可能不懂商业运作，缺少行业经验。竞争对手不会因为你是学生就心慈手软，消费者也不会因为你是学生就买你的产品。不要把初始创业就获得投资的凤毛麟角当作成功样板。要知道，即使幸运地获得初始投资，也只是万里长征走出了第一步，后面还有千难万险，只有一步一个脚印打造核心竞争力，才有机会在竞争激烈的市场上获得成功。

5.按需融资，不要不顾一切

不论身处于传统产业还是互联网行业，当企业想通过融资来加速发展或度过危机时，都需要先考虑清楚企业是否真的需要融资。有时候，融资并不意味着拿到了一张加速卡或安全卡。

其实，绝大多数企业是不需要融资的，或者说站在投资角度看，绝大多数企业不值得投资。中国拥有数以千万计的企业，但真正通过 A 轮融资的只有 1 万家左右。因为投资投的不是现在，而是未来，投资的估值取决于行业特征和公司的成长基因。

一家公司如果在未来没有价值，就不值得被投资，当然这并不代表这家企业不好。比如，传统行业中的农业，虽然需求量很高，但成长基因已经被锁定，也没有太多技术变量推动发展。相比大量资金涌入刺激发展，可能更适合滚动式发展。

### 6.融资要循序渐进，层层推进

对于创业企业来说，融资必须是循序渐进的。

一方面，早期公司没有成熟的商业模式，运营也不完善，股价不会太高，融资过早会大量稀释创业团队的股权，降低企业的灵活性。过早融资不但不划算，还会失去对公司的控制，甚至可能创业到一半被投资者赶走。另外，融资过多，超出企业需要且没有适当的财务约束，反而会使企业在"温水煮青蛙"的宽松环境中放松对财务的约束，陷入财务困境，进而破产。

### 7.别等资金短缺时再融资

不要等到缺钱时再融资，理由有三：一是短时间内很难找到合适的资金；二是成本高；三是投资机构不是慈善机构，很少会雪中送炭。

企业提早进行融资规划，能避免一时找不到钱的窘境。在现如今信息满天飞、市场竞争异常激烈、融资需求激增的融资环境下，每个融资企业都想尽快融到资然后投入经营管理中解决原材料、研发、人才等资金需求，但银行等持牌金融机构对外发放贷款的要求是企业持续盈利且经营风险低。而且总的出借资金是有限的，金融机构会把这些钱投给经营管理情况最好、风险相对最低的企业。因此，如果企业需要在短期内融资成功，只有在信贷资源、融资渠道、风险偏好等方面有充分的储备，才可能解决短期急需资金的问题。

企业贷款需要科学合理的融资决策，尽力降低融资成本。企业的经营管理时时刻刻在变，就像资产负债表里的描述是一个时点概念，利润表是一个时段的体现，没有人能预测未来企业会面临什么风险，对于企业来说，对融资未雨绸缪是一种非常可贵的智慧。等到缺钱时再去融资，就失去了更多的谈判资本，也不可能作出正确的、符合自身融资需求的决定，进而会推高融资成本。

请记住：不需要钱的时候才是融资的最佳时机！

**（二）实战落地，实用的融资方式**

1.RBF 融资：基于收入的融资

RBF（Revenue Based Financing）是一种响应式风险投融资模式，投资者根据公司的流水提供资金，开拓企业融资领域的新蓝海。

RBF 的操作方法如下：

（1）确定融资目标。如扩大生产规模推出新产品等。

（2）评估风险。主要为市场风险、技术风险等。

（3）确定融资额。根据需求和风评结果确定融资额。

（4）签订合同。内容包括融资额利率、还款期限等。

（5）跟踪业绩。定期跟踪、评估投资的风险和回报。

（5）调整融资额。公司的业绩良好，会增加融资额；业绩不佳，会减少或取消融资。

RBF 融资模式的优点是介于债权和股权融资之间，可以为公司提供快速灵活的资金支持，也可以激励公司提高业绩。

典型的 RBF 结构为：

（1）分成还款。企业按固定比例按月还款，通常是营业收入的 2%~10%。

（2）投资回报。设定的回报一般为 1.5~3 倍，通常会有回报封顶的条款。

（3）投资期限。一般为 3~5 年，若企业没有达到还款目标时为 6~8 年。

（4）投资金额。少于风险投资，高于银行贷款。

（5）适用场景。资金投向为餐饮、零售、服务等行业，并不适用所有企业。

### 2. 政策性融资：把握风口趋势

政策性融资是根据国家的政策，以政府信用为担保的，政策性银行或其他银行对一定的项目提供的金融支持。主要以低利率甚至无息贷款的形式进行，其针对性强，发挥的金融作用强，适用于具有行业或产业优势、技术含量高、有自主知识产权或符合国家产业政策的项目，通常要求企业运行良好、达到一定的规模、基础管理完善等。其缺点是适用面窄，金额小，时间较长，环节众多，手续繁杂，有一定的规模限制。

### 3. 超级分拆：释放合作空间

超级分拆思维，是发展中企业都需要掌握的一种思维，因为它不仅能帮企业扩大融入融资空间，还能把每一个盈利点拆分出来，成为一个利益共同体。

超级分拆主要分为四类：

**表7-1 超级分拆的类别**

| 类别 | 说明 |
|---|---|
| 业务分拆 | 将公司所有的业务都拆开，变成独立盈利的板块。每花一笔钱都要问自己，能不能把这个支出变成投资。企业只有不受资金的束缚，不受人才培养的限制，才能快速发展 |
| 公司分拆 | 将公司进行分拆的目的是扩大融资空间和融人空间。通过公司分拆，就有了更多融老板的空间，可以与更多的老板发生关系，与更多老板的资源产生连接 |
| 项目分拆 | 根据项目的特征将其拆分开来，有利于公司对项目的优化与整合。比如，可以分为高资源的项目、高利润的项目、高现金的项目以及高用户的项目 |
| 资本分拆 | 所谓资本分拆就是所有权、经营权的分拆，控制权比股权还重要 |

4.未来变现：让别人看到梦想

中小企业想要融资成功，解决现金流的问题，就要站在投资者的角度思考问题。投资者最关注的问题就是他的未来收益，因此企业可以用"未来变现"的思维去融资。

所谓的"未来变现"，通俗点来说就是用企业的光明前景去融资金、渠道或者人才。

如今很多老板做生意都是投入了大量资金，用于厂房、原材料、机器设备、员工工资，把产品生产出来，然后拿去卖掉才会变现。未来变现则相反，投资者买的是你的未来，你要的则是他现在的参与，因此可以通过招募代理商来实现渠道融资，通过贩卖公司的未来实现股权融资，通过产品组合打包预售来实现产品融资。

未来变现可以让你把未来可能赚到的钱，通过一系列设计在今天一次性回收变现。只要能够讲好企业的未来故事，向投资者证明自己企业未来有无限的增长空间，可以满足各种不同类型的投资者对未来收益的明确诉求，融资将不再是一个难题。

5.融资平台：寻找专业融资服务平台

靠谱的融资平台可以帮助企业和融资者快速有效地获得所需资金，支持创业创新和事业发展。但市场上的平台质量参差不齐，如何寻找靠谱的融资平台呢？参考以下建议和步骤，就能识别和选择靠谱的融资平台。

（1）了解融资平台类型。目前市场上的融资平台可以分为银行类、互联网金融平台、私募股权投资、创业投资、众筹等多种类型。每种类型的平台都有其特点和优势，应根据自身需求和条件选择合适的平台。

（2）调查平台背景和信誉。选择融资平台时，要调查平台的背景、实力和信誉。可以通过网络搜索、咨询业内人士、查看第三方评价等方式，了解平台的历史、口碑和服务质量。同时，还要查看平台的业务许可证、监管机构、风险控制能力等信息。

（3）比较融资产品和条件。不同的融资平台会提供不同类型的融资产品，如贷款、债券、股权投资等。企业选择平台时，应详细了解和比较各个平台的融资产品和条件，如利率、费率、还款期限、额度、审批流程等。同时，要查看是否有隐藏费用或额外要求。

（4）审慎评估风险。选择融资平台时，应充分了解和评估风险，可以根据自身的还款能力、盈利前景、市场环境等因素，判断是否承担得起相应的风险。另外，要关注平台的风险控制措施，如担保、保险、风险分散等。

（5）了解服务质量和支持。除了融资产品本身，企业还应关注平台的服务质量和支持。一个好的融资平台应提供全面、专业的咨询服务，如财务规划、融资方案设计、还款建议等。同时，要了解平台的客户服务渠道和响应速度，确保在融资遇到问题时能够及时得到解决。

（6）寻求推荐和咨询。如果自己难以判断，可以寻求行业专家、律师、财务顾问等的推荐和咨询。他们通常对市场有较深入的了解，可以提供专业的建议和指导。

# 第八章
# 做一家值钱企业需要
# 懂经营善管理

# 一、高净值企业的经营哲学

1994 年，贝佐斯创办亚马逊，从图书业务开始建立自己的商业帝国。图书市场是一个足够大的市场，因为书籍比较耐用，尺寸也标准，非常适合通过电子商务来销售。1997 年，亚马逊在纳斯达克上市。当时，亚马逊公司共有一百多位员工。上市以后，在图书业务的基础上，亚马逊在线上零售、云计算等领域继续扩张。到了 2018 年，亚马逊的净销售额是 2329 亿美元，员工人数也超过了 56 万。20 年里，其营业额和员工人数增长惊人。

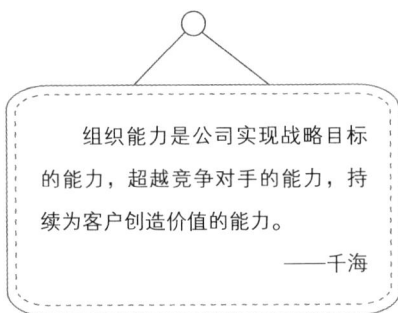

> 组织能力是公司实现战略目标的能力，超越竞争对手的能力，持续为客户创造价值的能力。
>
> ——千海

从亚马逊公司的发展过程，我们可以看到，快速扩张确实能够带来惊人的力量。那么，什么样的企业适合快速扩张呢？有三个前提：首先，拥有一个"杀手级"的产品或服务；其次，面对巨大的机会，目标市场清晰且具有规模；再次，还没有出现占主导地位的寡头，但小的竞争已经非常激烈。在这种情况下，速度是实现大规模目标的关键策略。这时，公司就需要进行快速扩张，尽量占领足够大的属地，快速把自己的据点建立起来，累积竞争优势。

**（一）快速扩张之于企业的重要性**

1. 缩短发现商机到业务订单的转化时间

企业在初创阶段，资金、人才和资源都很匮乏，解决此刻难题最主要的就是盈利。如何盈利是摆在创始人面前的一道难题，只有"闪电扩张"才能鼓舞团队士气，快速提升团队的业务能力，将已有或潜在的商机转化成业务订单。一旦完成从 0 到 1 的突破，就能以闪电般的速度完成从 1 到 10 再到 100 的扩张。

2. 将竞争对手"狙击"在千里之外

创业的过程，就是和竞争对手不停"打架"的过程。在融资过程中，融资者经常会犯一个错误，即总觉得创业公司要以弱胜强、以小搏大，要创造奇迹。从战略上可能确实如此，但在战术上就未必，融资者应该做闪电突击。公司本来手上的资源就不多，因此务必要将竞争对手"狙击"在千里之外。

3. 构建护城河，确立行业地位

不论是在最初选方向、搭团队时，还是随后建模式、做产品时，都要建构属于自己的护城河，即核心壁垒。

快速扩张可以将竞争对手远远地甩在后面，以网约车为例，在目前的格局中，新项目很难在短时间内与滴滴竞争，主要原因就在于滴滴早已通过快速扩张奠定了行业地位。除了滴滴，美团、饿了么、理想汽车等公司也通过闪电扩张的方式得到了迅速壮大。

### （二）企业快速扩张的方法

1. 商业模式创新：找到高毛利率业务

所谓毛利，就是收入减去成本。毛利率是毛利与营业收入的百分比。毛利率越高，企业的盈利能力越强。比如，谷歌的毛利率高达61%。只有设计出高毛利率的商业模式，企业才可以获得更高的估值，吸引更多的投资者。

2. 战略创新：忽略愤怒的用户

这个方法特别反常识。一般来说，企业需要特别重视用户的反馈和投诉，但在快速扩张过程中，这个问题只是小火苗，并不致命，只要发现被用户拖了后腿，就要果断放弃，宁可不提供服务，也不能让客户拖慢扩张速度。等扩张完成到下一个阶段以后，再回过头来组建客服团队，改善用户体验。

3. 管理创新：容忍自己的产品有缺陷

很多人多少都有点完美主义倾向，觉得只有将自己的产品方案反复打磨，才能向市场推出。这种想法有它的合理性，但对于企业来说，很可能会错失快速扩张的窗口期。总想着慢慢打磨，把产品做到极致，一亮相就赢得用户好评，如此一来产品很可能根本等不到和用户见面的那一天。在快速扩张过程中，要容忍自己的产品有缺陷，比完美更重要的是先跑起来。

# 二、价值飞跃需要过硬的组织能力

元朝是中国历史上第一个由少数民族建立的大一统王朝。可是，很多人都觉得奇怪，元朝的将领并没有特别厉害，既没有像诸葛亮这样上知天文下知地理的军师，也没有像张飞、关羽这样的猛将。那么，蒙古族是如何建立起幅员辽阔的元朝的呢？了解了元朝的军队结构，你可能就会明白了。

元朝军队的基层管理是"十夫长、百夫长"。十夫长，率领10人左右的小团队，相当于班长。"十夫长、百夫长"每天都跟自己的下属生活在一起，奋斗在一起，打仗的时候大家彼此信任，相互支持。如此，就造就了一支战无不胜、攻无不克的铁血团队。

受到这个故事的启发，阿里巴巴建立了自己的管理培训体系，也就是后来的"阿里管理三板斧"。"三板斧"下去，每板都能见效果，这里面透露着复杂问题简单化、大道至简的道理。

"阿里管理三板斧"，分别针对"基层、中层、高层"三个管理阶层。

高层"三板斧",讲的是定战略、造土壤和断事用人;中层三板斧,说的是懂战略、搭班子、做导演;基层三板斧,包括拿结果、建团队、招人才。其中,基层管理三板斧,是阿里最重要的体系,为阿里培养了一大批中流砥柱。

招人才:在阿里巴巴,招人是管理者的事情,如果管理者找不到合适的人才,就不是好的管理者。

建团队:基层管理者必须打造一支团队,团队要有士气,要有战斗力。

拿结果:对于阿里巴巴的基层管理者来讲,有一个很重要的衡量指标,那就是"结果转化能力",你可以不知道为什么要这么做,但必须把这件事儿做好。结果,就是最简单、最直接的"能力"。

基层管理者的能力和水平,决定了企业是否具有盈利能力,是否能够降低成本、保证质量。

企业从 0 到 1 有多种可能性,受市场风口、个人能力、政策红利、关联交易、运气等影响,但是要从 1 到 100,持续走向胜利,就必须依靠强大的组织能力。那么,到底什么是组织能力?

组织能力是公司实现战略目标的能力,是超越竞争对手的能力,是持续为客户创造价值的能力。不同于个人能力,组织能力根植于整个组织当中,不会随个别员工的离开而衰减。

简单来说,组织能力可用如下公式表述:企业价值实现 = 战略规划 × 组织能力。

20世纪80年代，麦肯锡的专家顾问在研究了美国大量成功的公司后，提出了企业组织七要素：战略、结构、制度、风格、员工、技能、共同的价值观。同期，美国宾夕法尼亚大学组织动力学教授马文·韦斯伯德（Marvin Weisbord），总结提炼出了用以诊断和提升组织能力的工具——六盒模型。六个盒子包括使命/目标、组织/结构、关系/流程、奖励/激励、支持/工具、领导/管理，后来阿里巴巴引入了该模型。

管理学教授杨国安基于多年教学研究以及企业实践，提出了"杨三角"理论，即组织能力由员工能力、员工思维模式和员工治理方式三个方面组成。后来，腾讯公司引入该理论。

IBM公司联合哈佛商学院建立了一套从战略规划设计到战略执行的体系，提出了业务领导力模型，即BLM模型（Business Leadership Model），共十个要素，即战略意图、市场洞察、创新焦点、业务设计、关键任务、文化氛围、人才、组织结构、领导力和价值观。后来，华为公司引入了该模型。

上述模型和理论，在某种程度上，打开了"组织能力"这个黑盒子，使得这一个概念不再抽象、不再模糊。

"战略意图"对于组织来说是外部输入，包括愿景、使命和目标；组织的输出是"价值实现"，包括客户价值、员工价值和股东价值。组织能力包括六要素：战略解码、组织架构、流程管理、人才管理、价值观、考核激励。

1. 战略解码

战略解码关键要解决从想法到做法的问题。企业仅有战略意图还远远不够，通过战略解码，把意图变成行动，同时也是对战略意图再思考的过程、上下对齐的过程。

战略解码是一种组织能力，需要一定方法论支持，比如 SOPK（战略定位 – 目标分解 – 业务策略 – 考核指标）。

战略解码能力，在很多企业中都缺乏。企业创始人有很多想法，扔给执行层后，他们基于自己的理解去执行，导致目标偏离，甚至南辕北辙。造成这个问题的主要原因就是创始人和执行层缺乏共同就战略进行解码，并达成一致的过程。

2. 组织架构

组织架构是企业各职能的组成方式。如果只是将组织架构看作是一张图，理解为汇报关系，这是不对的。组织架构的本质是内部分工协作体系、组织资源分配体系，体现出的是公司组织文化。

组织架构设计中，需要识别最小经营单元。最小经营单元是企业为了实现客户价值、执行公司重要策略，在组织中形成的最少人员的组合，具有目标易确定、收益易核算、责任易界定、内部易复制等四个基本特征。

最小经营单元通常为利润中心或收入中心，也可定义为成本中心或责任中心。比如，华为营销体系在实践中形成的"铁三角"就是服务客户的最小经营单元。

3. 流程管理

流程是企业业务价值链在企业组织中的微观体现，是一系列企业具体活动的组合。流程管理的要点是，识别企业价值创造的关键流程环节，并持续优化。端到端的业务流程运作效率，最能体现出公司的组织管理水平。

组织架构和流程是企业运行的基础设施，必须持续升级迭代。就像火车运行的铁轨，只有铁轨升级，才能实现火车从绿皮到高铁的升级。

4. 人才管理

人才是组织能力要素中最具有主观能动性的因素，人才管理机制的改进对组织能力提升也是最容易见效的。

人才管理的目的是充分调动员工内在积极性，释放员工潜能。有些老板和管理者认为，只要给足够的钱，就能找到高级人才，且他们会全身心工作。这种想法是把人才物化了，其实员工跟公司之间有两个契约，即心理契约和劳动契约。没有心理契约，只有劳动契约，员工不仅只会付出自认为合适的劳动来获取报酬，还往往会高估自己的付出，在感受到内在不公平时，就会减少付出。

心理契约是指员工认同公司的发展前景、企业文化，感受到被信任、被授权、被鼓励，内心深处自发与公司产生连接，这不仅可以激发员工的自豪感和使命感，还可以让员工自发地付出额外的努力，视工作为自我成长和自我价值实现的过程。

### 5. 价值观

价值观是公司各项政策和员工行为的价值导向及判断标准，具有独特性。如果员工对价值观高度认可，共同的价值观便能促使员工之间减少摩擦，形成合力。

华为公司的价值观中有一条为"坚持自我批判"。任正非认为，要形成一个坚强、有力的领导集体，并且这个核心集体要听得进去批评。正因为如此，华为才能长期保持自我纠偏和自我更新能力。

### 6. 考核激励

绩效考核是组织的保障机制。为了确保绩效目标的达成，组织绩效目标设定后，需要严格考核。激励机制是组织能力建设的动力系统，需要从整体薪酬视角出发，精心设计，制定合理的薪酬激励机制，将钱分好，如此才能提高企业经营效率，准时完成企业绩效目标。

对于很多企业来说，要在蛋糕做大前，先把分钱机制说好，千万不要开始模模糊糊，等做大后再说，很多内部矛盾都是在做大后因为对分配机制产生分歧导致的。

总之，组织能力建设是一项系统工程，是企业核心竞争力的来源。企业一把手应该亲自抓组织能力建设，人事负责人及各职能高管则要全力协助一把手落实各项组织能力建设。

# 三、值钱企业的市值管理意识

要想打造一家值钱的企业，就要有市值管理意识。

所谓市值管理，是上市公司基于公司市值信号，综合运用多种科学、合规的价值经营方式和手段，实现公司价值最大化、最优化的一种战略管理行为。

## （一）市值管理的价值

市值管理的核心价值可以从三个方面来看：

1. 有助于完善公司治理

市值管理可以促使管理层和投资者的利益通过股价达成一致，解决公司进行市值管理的动力问题。根据麦肯锡的实证研究，良好的公司治理可以为公司带来超过 20% 的额外市场价值，而超过 80% 的机构投资者愿意为了治理更佳的公司股票而支付更高的价格。此外，研究还发现，治理较佳的公司，其盈余与股票报酬的关系较强，即当盈余宣布时，股价上涨幅度较大。

2.有利于沟通创造价值

研究发现，公司信息透明度比公司本身更影响股票价格，而投资者关系管理是提高公司资本市场可见度的有效手段，便于让投资者了解公司、吸引证券分析师和目标投资者。对公司来说，提高公司信息透明度是资本市场运营的目标。

3.有助于实现内外的动态平衡

市值管理是公司和市场的桥梁，公司需要主动引导市场、统一思想，以求得市场的广泛认同，要引导股价回归内在价值，抑制非理性波动，实现公司市值与内在价值的动态平衡。

### （二）公司如何做好自身的市值管理

1.从整体来看

（1）市值管理的核心是价值管理，即提升企业的内在价值是根本目的。企业应该关注股价，但决不能为了迎合市场而去操纵股价，只有不断提升企业综合实力，企业市值才能持续增长。

（2）股东价值最大化是"双值管理"的统一目标，但并不是唯一的目标。要为股东持续不断地创造最大化价值，就要优化企业的经营战略、提升治理水平、改善外部关系尤其是与投资者的关系，努力实现公司可持续的科学发展。

（3）市值管理与价值管理都是一种长效机制。两者都不能一蹴而就，需要对企业的经营及治理等进行长期规划与实施。

## 2. 从价值创造来看

企业应该为自己"量身定制"长期经营战略和目标，并结合不同时期的任务目标对短期经营战略进行动态调整。

（1）企业要结合自身拥有的资源与目标客户，改进业务能力和盈利能力，构建自己的商业模式并持续进行优化。

（2）企业要懂得如何把握价值链的关键环节。每个公司都有自己的特定业务，但并非所有的业务和环节都能创造同等的价值，企业应筛选出自身最擅长的领域，并在该领域中进行深耕细作，深化与创新自身业务。

（3）要实现价值最大化，企业就要形成最优的资本结构。企业要充分学习和使用各种金融工具进行融资，并结合自身实际情况，合理安排股权和债务的比例，尽可能使用成本最低的融资手段。

（4）良好的公司治理架构能够保证企业的正常运转和良性发展。良好的股权激励机制，可以将管理层和员工变为公司的所有者，从而不断提高企业的发展能力和价值。企业可结合自身的实际情况，设计适合自身情况的股权激励模式，如业绩股票模式、股票期权模式、限制性股票模式等。

## 3. 从经营价值来看

在进行价值管理和市值管理的过程中，公司应找到适合自身发展的方式，不断提升企业价值，使企业更值钱。

（1）与投资者良好的关系有助于提升企业的价值，公司应该积极管理与投资者的关系，具体做法包括做好信息披露、媒体公关、社会责任履行、股利分配、投资者沟通以及公司危机管理等工作。

（2）除了内部价值的创造与实现，企业还要关注国家经济政策的动向，并及时作出调整。

# 第九章
## 寻找5~10年的新增长赛道

# 一、赚钱的企业与值钱的企业

厘清企业价值，清醒地审视自身，才能理性认知资本与企业、赚钱与值钱的逻辑。

什么决定了企业价值？一方面是盈利，另一方面是成长。盈利决定了企业是否赚钱，成长决定了企业是否值钱。

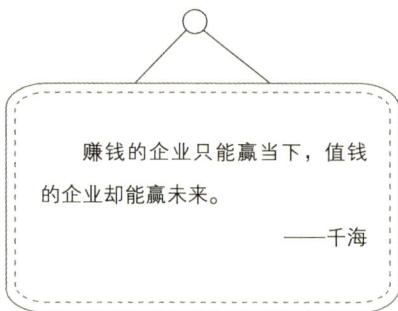

> 赚钱的企业只能赢当下，值钱的企业却能赢未来。
>
> ——千海

## （一）资本如何看待企业价值

将价值作为最核心的轴，作为最基本的判断，所有的企业都可以用四象限进行区分，然后再去分析每一家企业的每一个项目，如表9-1所示。

表9-1　企业四象限

| 象限 | 说明 | 举例 |
|---|---|---|
| 象限一<br>既赚钱又值钱 | 企业既赚钱<br>又值钱 | 某医美巨头14亿元销售额里有将近10个亿的利润。这样的企业，备受资本青睐，它的市值是1100多亿元，它的市盈率也从89倍升到200多倍 |

162

| 象限 | 说明 | 举例 |
|------|------|------|
| 象限二<br>不赚钱但值钱 | 企业不赚钱，却很值钱 | 某氢能高新技术企业2021年亏损1.6亿元，销售额只有6亿元，市值却有104亿元。企业一直在亏损，资本市场没有办法按照市盈率计算，只能按照市销率来计算，它每卖1元，就给它40元的市值。虽然它还不赚钱，但市值已过100亿 |
| 象限三<br>既不赚钱又不值钱 | 企业既不赚钱又不值钱 | 近些年的房地产行业不景气，盈利能力不佳，流动性又很差，就是既不赚钱又不值钱的。这类企业投资回报、理财收益低，不受资本待见 |
| 象限四<br>赚钱不值钱 | 企业赚钱，但不值钱 | 某传统白电企业近10年来市盈率为8~22倍，2021年的销售额是3400亿元。然而，它的市值是3500亿元。公司的市值跟营业额差不多，企业虽然赚了钱，资本却不看好它的未来 |

## （二）赚钱与值钱有什么不同

赚钱与值钱的企业有哪些不同？

### 1. 资本永远青睐未来收益

任何行业都有经济周期，对于投资方来讲，一般都会投资有未来的行业；行业到了衰败期，投资风险就会大于收益。资本青睐未来的收益，赚钱的企业只能赢当下，值钱的企业却能赢未来。

### 2. 资本总在追逐创新

一些企业规模不大，但做的事情属国家战略性新兴产业，因此很具有创新性。对这类企业，资本市场会给出很高的期待，市盈率非常高，市值也超预期。科技创新、创业创新都是高起点、高素质、有未来前景的产业，也是资本一直追逐的。赚钱的企业专注盈利，值钱的企业专注创新。

### 3. 资本总是流向高回报的地方

资本是要回报的，总是看好高回报的公司。赚钱的企业未必有很高回报，值钱的企业一定有高回报。

### （三）打造值钱的企业

打造一家企业，除了要实现短期挣钱的目标外，还需要让企业更值钱，因为只有这样，企业才能基业长青。那么如何打造一家值钱的企业呢？以下是一些建议：

### 1. 明确使命和核心价值观

明确企业的目标和价值观，有助于企业建立明确的方向和文化，吸引和留住具有共同价值观的员工和客户。

### 2. 提供高质量的产品或服务

致力于提供高质量的产品或服务，满足客户的需求和期望，不断追求卓越，进行产品创新和质量控制，建立良好的品牌声誉。

### 3. 关注客户体验

将客户放在首位，关注客户体验；提供个性化的服务，建立良好的客户关系；提供满足客户需求的解决方案，并及时回应客户反馈和投诉。

### 4. 重视员工发展

关注员工的培养和发展，建立积极的工作环境和企业文化；提供培训和发展机会，激励员工的创新和贡献，建立高效团队。

5. 持续创新和适应变化

积极面对市场变化和竞争压力，持续进行创新和改进；不断适应新技术和市场趋势，寻找新的商机和增长点。

6. 建立良好的合作关系

与供应商、合作伙伴和其他利益相关者建立良好的合作关系；建立互信、共赢的合作模式，共同推动企业的发展。

7. 财务健康和可持续发展

注重财务管理和企业可持续发展；确保企业财务健康，合理管理成本和风险，持续提升企业价值和竞争力。

8. 社会责任和可持续发展

关注企业的社会责任，积极参与社会公益活动，推动企业可持续发展；建立企业的社会形象和品牌认知。

须知，打造一家值钱的企业是一个长期的过程，需要持续的努力和精心的经营。每个企业都有其独特的情况和挑战，需要根据自身情况制定相应的策略和行动计划。同时，"做一家值钱的企业"不是一句口号，而是企业更好地生存下去所必须具备的思维，是企业必须走的一条路。

# 二、资本更看重企业的战略发展

企业战略是一个自上而下的整体性规划，是谋求企业长远发展与整体利益，决定企业发展方向和前途的重大策略性问题。因此，融资者要制定出适合企业发展的战略决策。

1. 企业战略要着眼于未来目标的确定

企业战略代表了企业的未来和方向，具有全局性、系统性、长远性和方向性等特征。企业的战略一定不能出大的错误，在错误的方向上努力，只会离目标越来越远。因此，融资者要从全局的角度考虑分析问题，判断外部环境和内部组织的优劣态势，明确战略方向，制定战略目标，规划切实可行的实施路径。

2. 企业战略要基于科学论证和科学决策

企业实施不同的战略会带来不同的结果。为了减少战略上的失误，融资者须对战略的可行性进行充分论证，辨别信息的真伪，不能以讹传讹，更要格外注意间接途径获得的信息。在生产经营中犯错误在所难免，如果是战术方面的错误，企业还有机会纠正；如果是战略方面的错误，企业就没有机会纠正了。一次战略性的重大失误，可能导致公司的毁灭。因此企业战略应建立在科学论证和科学决策的基础上。

融资者可以不是企业所在行业的专家，但必须是战略方面的专家，具备战略思维，要从全局的角度思考企业的战略问题，在把握行业、市场发展趋势的基础上，提出企业的愿景和战略目标。

3. 企业战略应能打动团队成员

成功的企业都有清晰的战略目标，企业家要带领团队在共同价值观下创造价值。企业的发展战略应当成为团队的共同奋斗目标。企业家的战略应能感染、说服团队，对核心目标达成共识，凝聚奋斗力量，让团队保持高度一致的认同。

4. 企业战略应当契合国家发展战略

企业应当认真研究国家的发展战略，使企业战略和国家的发展战略相契合，在积极落实国家战略部署的过程中，实现企业的高质量发展。

企业制定的发展战略应当与国家总体发展战略保持一致，顺应经济发展的总体趋势。比如，企业的发展战略要有利于市场竞争者，需与政府及有关部门沟通协商，争取政府的支持。

宇通客车作为全球销量领先的客车生产企业，研发的产品与国家有关政策保持一致，企业的战略规划比国家政策要求早实施1~2年。随着智能网联技术的飞速发展，宇通创建了专门的车联网团队，采用了新能源车辆故障监控、远程故障诊断、远程程序升级、大数据并发处理等先进技术，达到了国内领先水平。

5. 企业战略应适时调整

融资者不仅要做好的管理者，还要创造新的未来，有前瞻的思想和远大的目标。因此，融资者要能把握企业发展战略大致正确的方向，并随着经济形势、社会形势、市场形势的不断变化，适时调整企业战略。

比如，万向集团并不是一开始就有既定的总体战略，而是在企业发展的过程中通过观察、思考、总结、学习、再实践、再试错，最后制定战略。在这个过程中，将战略拆分为大战略和子战略、大目标和子目标，狠抓执行力，做到尽力而为、量力而行。

总之，企业战略对企业来说非常重要，更是投资者所看重的。一位能制定合理的企业发展战略的融资者，在融资市场上，必能更容易获得投资者的青睐。


# 三、融资落败者的血泪教训


幸福的公司总是那么相似，不幸的公司却各有各的不幸。

股权融资对于创业者来讲，实质上是推销公司、产品和梦想的过程。这一过程，有成功也有失败，成功的原因有很多，但失败的原因可能是走入了融资的误区：

误区1：融资策略不以我为主，拿不住资本的钱还硬要拿。

误区2：将股权融资当作唯一的方法，虽然自己做了早起的虫子，却给别人做了嫁衣。

误区3：没有大周期意识，没有融资知识和融资准备，只能成为资本的奴隶。

误区4：很多传统企业认为自己的资金足够用，不需要外来资金，但真正的融资除了融资金，更要融人才、融资源。

事实告诉我们，只有打破融资思维的瓶颈，才能突破融资的误区。因此，融资者要改变融资思维，真正认识到资本的力量，学会用别人的钱做自己的事，改变小作坊思想和家族企业思想。

# 后 记

## 融资思维也决定了企业战略

资金是企业经营的必备要素，是支撑企业运营、投资扩张、研发创新的重要资源，就像人体的血液一样，对企业来说不可或缺，因此融资也就变得非常重要。面对资金困境，企业融资者应当做勇敢的特立独行者，目标坚定，不人云亦云，敢于融资，善于融资，积极寻找适合的融资方式，实现企业的良性循环和更大发展。

2018 年，我陪同一位企业家前往英国投资房地产项目。在那里我们参加了一个资本论坛，认识了著名的资本家罗斯柴尔德·雅各布。我这位准备在英国投资的朋友，竟然追着这位罗斯柴尔德的掌门人，要他的投资。我感到非常惊讶，也很好奇：他不是来投资的吗？可见，优秀的企业掌舵人，都具有一定的战略高度，明白融资不仅是融到资金，更是融到卓越的合伙人。

但对于企业创始人来说，在融资时，绝不能忘了创业的初心，失去企业的控制权。

股权分散是企业走向职业化、专业化、成熟化的表现，这本身不是坏事，但在企业尚未真正达到专业化、成熟化之前，分散的股权很容易让创始人失去对企业的控制权，故而在这一阶段只有抓住企业股权这条生命线，创始人才能捍卫自己对企业的控制权。因此，提醒所有企业创始人，要盯牢企业控制权。

在企业发展的道路上，融资非常重要，但坚守对企业的控制权也同样重要。我们说，弱水三千，只取一瓢饮。企业创始人要以终为始，在企业发展的每个阶段，都谨记融资的重要性以及各类融资路径，关注各融资阶段投资者的决策要素、风险、估值、金额目标等！如下图所示。

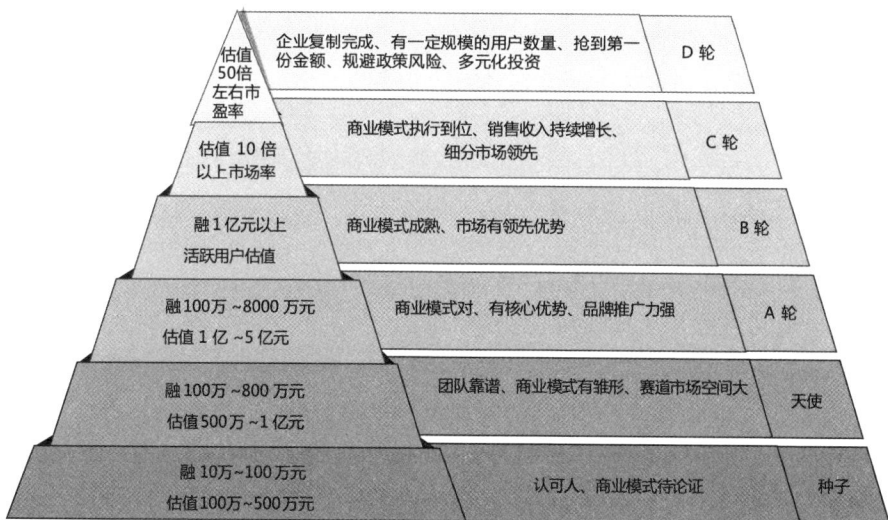

企业战略融资路径

一个特立独行且具备战略眼光的企业家，会不断思考融资成功的可能。

想要把公司做大做强、基业长青，必须解决以下问题。

（1）初创公司如何寻找合伙人？如何合理分配权、责、利？

（2）基于未来发展，企业该如何设定动态股权分配方案？

（3）如何设定管理层及员工持股激励方案？

（4）如何梳理一套好的股权融资项目计划书？债权融资和股权融资有哪些区别？

（5）如何合理股权众筹，避免搞成非法集资？

（6）企业赚钱了，怎么分红合理？

（7）如何设计公司股权结构的顶层方案？

（8）如何解决外部资源股东不方便注册的问题？

（9）合伙开公司，怎么签股东合作协议，才能牢牢把握公司控制权？怎么签订协议，才能规避风险及雷区？

（10）技术、资源和资金入股，应该给多少股份？入股协议怎么签？

（11）如何统一股东思想，避免未来不必要的纷争？

（12）引进新股东，股份应该怎么定价，如何合理转让或回购股权？

（13）股东应该提前签订哪些限制性股权协议？

（14）公司想要上市，想要做大，就必须股改，应该怎么做呢？